더해도 죽고 빼도 죽는다는

세상에서 젤 쉬운
묵시록 계시록 종말론

더해도 죽고 빼도 죽는다는
세상에서 젤 쉬운
묵시록 계시록 종말론

2025년 7월 7일 초판 1쇄 발행

글	방영미
펴낸이	방수정
펴낸곳	노란수레바퀴
편 집	데레사
디자인	옐로휠
표 지	강영원

등 록 2023년 07월 26일
　　　　신고번호 제2023-000046호
전 화 02-2232-3404
대표폰 010-3240-3002
메 일 ananda13@naver.com

ISBN 979-11-986612-1-0

더 죽빼죽 세상에서 젤 쉬운

묵시록 계시록 종말론

방영미 지음

들어가는 말
그런데의 향연

묵시록을 꼭 썼어야 했어요, 죽기 전에 반드시. 그런데 이렇게 건강할 때 쓰게 되다니, 오 나의 신이여! 감사합니다.

그런데 묵시록이 꼭 그렇게 대단히 쓰고 싶었냐? 하면 잘 모르겠어요. 요한묵시록이 제 전공인 건 맞는데 하도 이단이랑 이 책이 연결돼 있어서 무서웠거든요. 괜히 피로해질까 두렵기도 했고요.

유명하지도 않은데, 유명하면 억울하지나 않지, 쓸데없이 타깃만 되는 거 아냐? 이런 실용적인 생각에서요. 저는 자본주의 좋아하고 효율성 따지는 휴먼이라서요.

그런데 상봉동성당 문화센터에서 묵시록을 강의할 기회가 생겼어요. 가톨릭 신자들은 성경 공부 안 하는 걸로 알려져 있고 저도 그렇게 생각했죠. 더구나 묵시록을 누가 들을까 반신반의했어요.

그런데 24년 9월부터 25년 2월까지 6개월간 하필 춥고 어둡고 독감이 유행했던 그해 겨울을 같이 보내주신 분들, 그분들의 신앙에 대한 열정 덕분에 묵시록을 써야겠단 용기를 얻었다는 말 진짜 진짜 하고 싶었습니다.

그분들의 뜨거운 신앙심이, 나는 왜 묵시록 전공자가 됐을까, 내 인생 어디로? 자본주의 좋아하는 내가 왜! 대체 왜!! 아, 내 인생 존망, 이러던 저에게 희망을 주셨거든요.

그리고 묵시록을 책으로 쓰라고 권해주신 김민수 신부님께 감사드립니다. 한국가톨릭 내에선 평신도 신학자들이 할 수 있는 일이 거의 없어요. 이런 불모지에서 한국가톨릭문화연구원 원장으로 고군분투하고 계시죠. 신부님의 강의 제안과 저술 권유가 이 책이 나오는 데 출발점이 되었습니다.

또한 묵시록 권위자가 되라고 격려해주시고, 이 책의 목차와 원고를 피드백해주신 윤성호 목사님께 감사드려요. 목사님의 격려가 이 책을 쓰는 동안 큰 힘이 되었습니다. 이보다 더 쉬운 묵시록은 없을 거라 하셨죠. 그 평가가 마치 제게 묵시록을 내야 할 것만 같은 사명감을 주었어요.

더하여 이 책에 애정을 갖고 서평을 자진 헌납해주신 어승일 목사님께 감사드립니다. 저나 어목님이나 신앙의 주파수 맞는 동료 찾기가 힘들죠. 이런 희소한 세계에서 가까스로 그러나 기꺼이 연대 중인 에코 공동체 여러분이 존재해 제게 큰 힘이 됨을 여기서 자백합니다.

저는 이단의 경험이 있습니다. 마치 구경꾼처럼 관찰자처럼 저에게 그 기억은 지나간 사건이지만, 거기서 누구는 괴로워도 나오지 못했고, 거기서 누구는 새 삶을 찾았고, 거기서 누구는 나가면서 죽을 만큼 힘들어했죠.

그래서 그 경험이 지나간 사건에 머물지 않고, 현재의 제 모습, 계시록 전공자라는 정체성을 갖게 했어요. 대체 종교가 뭐길래 우주보다 소중한 한 사람의 인생을 마구 휘두르는 걸까, 아니 마구 휘둘러도 되는 걸까? 저의 시작은 이런 의문에서였습니다.

그리고 저는 한시도 제가 인문학 전공자란 사실, 왜냐면 종교학 박사 전에는 국문학 석사였고, 시작은 사회학도로서 철학을 아주 많이 좋아했기에, 종교학도 인문학의 하나라는 근대적 태도를 벗어나고 싶지 않았어요. 이성을 잃고 감성에만 호소하는 신앙을 하고 싶지도 않았고요

그런데 제가 그렇게 믿고 따랐던 근대, 그까이꺼도 작금의 포스트모던 시대가 오니 별거 아니더라고요. 그래서 어린 왕자 같은 순수한 기대로 포스트 근대를 기다렸는데, 오늘날 우리 인류

를 보면 그것도 영 꽝, 오히려 기준이 없어져 원칙도 없고 상식도 사라지니 더 무서운 세렝게티 초원의 재림이 펼쳐지고 있죠.

그렇게 맞이한 확신이 없는 시대, 그래서 불안하고 조급하고 위태로운 이 시대에 저의 묵시록도 그래요. 이게 정답이야, 그런 얘길 하고 싶은 게 아니에요. 묵시록이 쓰인 그때 그 시대도 지금의 우리 시대처럼 확신이 없었단 거 아세요?

그래서 지금의 우리처럼 불안하고 조급하고 위태로웠어요. 그래서 간절한 맘으로 희망을 노래했고 절박한 심정으로 미래를 준비했던 거죠. 심판의 때가 곧 온다는 소망은 곧 와야 한다는 기대였지 현실은 아니었어요.

그래서 순교와 박해라는 두렵고 무서운 현실을 견디는 비법 중 하나가 묵시록을 나눠 읽으며 하느님께서 이 세상에 얼른 개입해주실 것을 원하고 바라고 구했던 거죠. 그게 새 하늘 새 땅이고 새 예루살렘인데 그곳에선 슬픔과 눈물과 죽음이 없다고 하죠.

저도 그래요. 지금의 한 시대는 물러나기 위해 해체되고 무너지고 붕괴 중인데, 그렇다면 우리가 맞을 새로운 또 한 시대는 어떤 모습일까 기대와 소망이 있어요. 그것이 사라지는 시대에 휩쓸리지 않고 지금의 혼돈을 버티는 마음가짐이기도 하고요.

바로 이 지점에 저의 책, 묵시록 계시록 종말론이 있습니다.

무엇을 의지해 어디로 가야 하는지, 저는 이 책을 읽으시는 모든 분들과 함께 생각을 나누며 영적 심적 동반을 기쁘게 하고 싶습니다.

더해도 죽고 빼도 죽는다는

세상에서 젤 쉬운
묵시록 계시록 종말론

목 차

	들어가는 말	— 5
	그런데의 향연	
01	구약의 세계관을 신약의 언어로	— 15
	예수의 상징성	
02	진짜 작가, 가짜 작가	— 31
	요한은 누구?	
03	신앙인으로 산다는 것	— 47
	일곱 교회에 편지 보낸 이유	
04	성경은 어떻게 읽을까?	— 65
	묵시문학의 특징	
05	비유와 상징	— 85
	혼인 잔치, 새 예루살렘	
06	죽일 놈, 나쁜 놈, 당하는 놈	— 103
	'짐승' 이미지	

07	인간은 우상 없이 못 살아?	— **119**
	666과 이단	
08	타락과 불륜	— **133**
	'바빌론' 패망의 의미	
09	초대교회의 성립과 역할	— **149**
	'교회'와 '여인'	
10	사탄과 우상의 관계	— **165**
	심판의 '봉인'과 '나팔'과 '대접'	
11	민족, 인류, 선민	— **181**
	언약과 천 년 통치	
12	마지막 심판과 최종 구원	— **199**
	'용'의 최후와 '새 하늘 새 땅'	
	나가는 말	— **227**
	그래서의 연회	
	미국에서 온 편지	— **231**
	서평과 감상	

01 구약의 세계관을 신약의 언어로
예수의 상징성

　예수의 생애 중 가장 극적인 장면은 단연 성전 정화 사건이다. 이건 죽으려고 작정하지 않으면 할 수 없는 일이었다. 4개의 복음서에 모두 기록될 정도로 이 사건은 예수 인생에 결정타를 날린다. 십자가 처형에 이르게 만든 트리거.

　인간은 불의는 참아도 불이익은 못 참는다고, 내가 사기를 치든 거짓말을 하든 그건 알 바 아니고, 내 밥그릇을 건드리는 사람은 죽어 마땅하다.

　당시 성전에선 제물의 무게를 속이고, 보통의 은화보다 은 함유량이 적은 성전용 은화로 환전해야 헌금할 수 있었다. 이런 악행이 일상화되다 보니 뻔히 알아도 성전이 갑이라 항의도 못 했다. 그래서 성전 정화는 단순 퍼포먼스가 아니다. 30대의 열혈 청년이 자기 성질을 못

이겨 욱해서 한 행동이 아니란 말씀.

예수는 공론장에 등장하자마자 두 가지, 곧 기적 수행과 기득권 공격으로 당대 가장 주목받는 인물이 되었다.

이렇게 군중을 몰고 다니는 예수가 성전 상인들의 매대를 엎어버리면 어떻게 될지 몰랐을까. 이 사건은 예루살렘 성전을 둘러싼 이들, 즉 사제부터 하급 관리까지를 포함한 레위 지파의 부패함과 이를 묵과하는 유대교 사회의 부조리를 통째로 힐난하는 기존 기득권 사회에 대한 정면 도전이었다.

그리고 결과는 모두가 알다시피 죽음. 그때 예수는 30대였다. 니체는 예수가 50대에 죽었더라면 세계사가 바뀌었을 거라 했다. 그도 그럴 것이 사람이란 나이를 먹으면 유해지니까, 유해지면 이해의 폭이 넓어지니까.

만약 예수가 나이 들어 자연사했으면 오늘날 우리에게 알려지지 않았을 수도 있다. 인생의 절정에서 삶이 마감된 사람과 인생의 절정을 찍고 서서히 하강하면서 착륙한 사람의 세계관은 다를 수밖에 없다.

그러나 예수는 다혈질에 직설적인 사내였고, 그의 운명이 하느님에 의해 계획되었든 스스로가 선택한 의지의 결과였든 여기서 결론 내릴 순 없으나 어쨌든 그는 30대, 알려지긴 33살이지만 성서학계에선 36~37살로 추정하는 혈기 왕성한 젊은 시절에 죽임당했다.

이렇게 그리스도교의 핵심이자 본질은 누가 뭐래도 '예수', 그는 인류사에서 가장 유명한 사람이 되었다. 도대체 예수가 뭐라고, 이토록 세상을 시끄럽게 하는지.

묵시록에도 예외 없이 예수에 대해 여러 설명을 해 놓았다. 이중 예수를 '다윗의 뿌리'라고 표현하는 구절이 두 번 반복된다.

> 나는 다윗의 뿌리이며 그의 자손이고
> 빛나는 샛별이다.
>
> (요한묵시록 22장 16절)

> 보라, 유다 지파에서 난 사자, 곧 다윗의 뿌리가
> 승리하여 일곱 봉인을 뜯고 두루마리를
> 펼 수 있게 되었다.
>
> (요한묵시록 5장 5절)

유대인들이 이스라엘을 제국의 반열로 올린 왕 다윗에 대해 자랑스러워하는 건 당연하다. 우리도 광개토대왕을 땅따먹기 1인자라며 좋아하지 않는가, 물론 세종대왕의 인기에 미치지는 못하지만. 현재가 어려운 후손들일수록 과거의 영광을 조상에게서 찾는 심리는 동서고금을 막론하고 그다지 특별한 일은 아니다. 그런데 여기서 특이한 점은 다윗의 자손이 아니라 다윗의 '뿌리'라는 구절이다.

신약의 복음서에서 예수를 '다윗의 자손'이라고 부르는 건 당연하다. 단군의 자손 한국인만큼이나 조상을 중시하는 족보 따지는 유대인들에게 다윗은 민족의 자부심을 주는 인물이니까. 그런데 이사야서에서 보면 그런 다윗을 설명할 때도 '뿌리'를 이용했다.

> 이사이의 그루터기에서 햇순이 돋아나고
> 그 뿌리에서 새싹이 움트리라.
>
> (이사야서 11장 1절)
>
> 이사이의 뿌리가 민족들의 깃발로 세워져 겨레들이
> 그에게 찾아들고 그의 거처는 영광스럽게 되리라.
>
> (이사야서 11장 10절)

'이사이'는 다윗의 생부이니 다윗 앞에 위치해야 하는데, 다윗의 뿌리가 이사이가 아니라 이사이의 뿌리가 다윗인 것이다. 부자간의 위치가 바뀐 상황, 여기서부턴 해석의 영역이다. 다윗은 이미 하느님의 계획안에 있는 인물이라서 다윗을 '뿌리에서 돋은 새싹'으로 표현해 뿌리에서 줄기와 잎으로 이어지는 일반 순서를 따르지 않았다는 것.

다윗의 출생은 생부 이사이의 뜻에 따라 세상에 나온 아들이 아니라, 하느님의 뜻에 따라 이스라엘 백성의 왕으로 미리 내정된 계획이 실현된 인물, 이렇게 되는 것이다. 생부에서 태어난 다윗도 가문의 뿌리가 되는 마당에 하물며 양부밖에 없는, 애초에 아버지가 하느님뿐인 예수야 당연히 다윗의 뿌리가 된다.

태초부터 있었던 존재, 이 지점에서 삼위일체가 작동한다. 예수는 육으론 다윗의 자손이나 영으론 다윗의 뿌리란 논리, 그래서 하느님과 예수님이 하나라는 삼위일체 교리가 성립한다. 지금도 여전히 말도 많고 탈도 많은 삼위일체는 성서를 충실하게 읽은 독자라면 구약과 신약을 넘나들며 너무 자주 너무 강렬히 만나니 어쩔.

세 앞에 나타난 불타는 가시덤불도, 아브라함 앞에 나타난 천사도 성령의 시각화이다. 인간은 감각을 통하지 않으면 믿지 못하고 또 의미를 전달할 다른 방법이 없다. 그러다 보니 성서엔 성령의 시각화인 천사도 있고, 하느님의 종인 심부름꾼 천사도 등장한다. 그래서 삼위일체가 헷갈린다.

그러나 너무 자주 너무 강렬히 성령과 하느님이 일치되고, 하느님과 예수님이 일치되는 구절들로 인해 우린 삼위일체를 인정하지 않을 수 없다. 그렇지 않으면 하느님의 아들인 예수를 메시아로 고백하는 그리스도교가 성립하지 않는다. 동시에 성서는 산만하고 비논리적인 허술한 소설이 되고 만다.

왜냐면 성서에는 모순되는 구절들이 많기 때문이다. 대표적인 예시가 예수의 가계도 계보이다. 아쉽게도 마태오 복음서와 루카 복음서가 다르다.

> 아브라함, 이사악, 야곱, 유다, 페레츠, 헤츠론, 람, 암미나답, 나흐손, 살몬/라합, 보아즈/룻, 오벳, 이사이, 다윗/밧세바, 솔로몬, 르하브암, 아비야, 아삽, 여호사팟, 여호람, 우찌야, 요탐, 아하즈, 히즈키야, 므나쎄, 아몬, 요시야, 여호야킨, 스알티엘, 즈루빠벨, 아비훗, 엘야킴, 아조르, 차독, 아킴, 엘리웃, 엘아자르, 마탄, 야곱, 요셉/마리아, 예수
>
> (마태오복음 1장 1-17절)

마태오에서 예수는 아브라함의 41대손이고 예수의 할아버지는 야곱이다.

> 하느님, 아담, 셋, 에노스, 케난, 마할랄엘, 예렛, 에녹, 므두셀라, 라멕, 노아, 셈, 아르곽삿, 케난, 셀라, 에베르, 펠렉, 르우, 스룩, 나호르, 테라, 아브라함, 이사악, 야곱, 유다, 페레츠, 헤츠론, 아르니, 아드민, 암미나답, 나흐손, 살라, 보아즈, 오벳, 이사이, 다윗, 나탄, 마타타, 멘나, 멜레아, 엘리야킴, 요남, 요셉, 유다, 시메온, 레위, 마탓, 요림, 엘리에제르, 여호수아, 에르, 엘마담, 코삼, 아띠, 멜키, 네리, 스알티엘, 즈루빠벨, 레사, 요하난, 요다, 요섹, 시므이, 마타트야, 마앗, 나깨, 헤슬리, 나훔,

아모츠, 마터르야, 요셉, 얀나이, 멜키, 레위, 마땃, 엘리, 요셉, 예수

(루카복음 3장 23-38절)

루카에서 예수는 하느님의 78대손이다. 루카는 특이하게도 하느님을 1대로 잡았다. 근본 있는 족보랄까, 단군 할아버지를 공통의 조상으로 삼고 있는 우리 한민족과 비슷하다. 우리도 천손인데 유대민족도 천손이다.

그래서 2대 아담, 3대 셋을 지나 11대 노아, 12대 셈, 그리고 22대 아브라함, 23대 이사악, 24대 야곱, 25대 유다로 이어지다가 36대가 다윗이고, 예수의 할아버지는 엘리다.

무엇보다 예수는 아브라함의 57대손이므로 마태오 복음서의 가계도와 차이가 크다. 이런 차이를 해명하고자 그간 신학자들의 다양한 연구가 이뤄졌음은 명약관화하다. 인류 문명사에서 누렸던 성서의 권위를 생각해보자. 성서의 무오류를 증명하고자 창조과학까지 동원되는 마당에 얼마나 참신한 해석들이 나왔을지 짐작이 간다.

그러나 현대의 우리가 합의 볼 만한 의견은 유대인들이 자신들의 기록물을 매우 소중하게 여긴다는 것이다. 그 기록의 사실 여부를 떠나 긴 시간 공동체에서 수용되고 인정받은 자료 자체를 귀하게 여겨 작위적으로 수정하지 않는 태도, 그런 기록물에 대한 태도가 대단해 보인다.

한편 예수에 대한 관점 차이를 기준으로 유대교, 그리스도교, 이슬람교가 구분되는 사실도 흥미롭다. 세 종교는 똑같이 아브라함을 시조로 한다. 그래서 셋을 묶어 아브라함의 종교라고 하는데 그 기준점에 예수가 있다.

예수를 신의 아들이며 메시아라 믿으면 그리스도교, 메시아를 사칭하는 이단 랍비로 취급하면 유대교, 선지자이긴 한데 무함마드보단 아랫급으로 보면 이슬람교이다. 그리고 재밌는 사실은 친모 마리아가 예수를 동정녀로 잉태했다는 이야기를 이슬람교도 믿는다는 것이다. 성모 마리아의 어린 시절 이야기까지 꾸란에 있다는 건 신기한 일이다.

그리고 예수를 예언자로 인정하는 만큼 이슬람교에선 십자가 처형을 믿지 않는다. 예언자는 알라신이 선택한 사람이므로 그런 극형을 당했을 리 없다는 논리다. 사후 천국에 간 건 말할 것도 없고. 예수에 대한 호감도만 놓고 보면 이슬람교가 유대교보다 그리스도교와 가깝다.

아브라함과 본처 사라 사이에서 태어난 적자 이사악을 계보로 하는 유대교와, 몸종 하갈 사이에서 태어난 장자 이스마엘을 계보로 하는 이슬람교가 가계도로 봐도 사이 나쁠 것처럼 보이긴 한다. 서로 잘 알수록 더 미운 법이니까.

세계사에서 그렇게 적대적일 수가 있나 싶은 세 종교가 뿌리가 같다니 뜨거운 모래사막의 지역 풍토 때문인지, 그런데 또 그 세 종교가 중세부터 세계사를 움직여왔으니 신에게 선택받았다는 선민의식이 사람을 움직이는 얼마나 크고 강력한 동력인지 작금의 현실까지 포함해서 감탄할 만하다.

물론 가자지구를 전쟁터로 만든 시오니즘이 옳은 건 아니다. 전쟁이 없는 세상에서 살고 싶다. 난민과 내전이 없는 세상에서 살고 싶고, 이 동네서 남는 음식이 저 동네로 가서 사람을 살리고, 더 높은 곳에서 더 넓은 땅을 차지하려고 싸우지 않는 세상에서 살아보고 싶다.

그러나 인간의 힘만으론 할 수 없는 일을 종교는 종종 해낸다. 종교만이 할 수 있는 것들, 이런 막강한 종교의 힘이 놀랍다. 그 힘의 원천이 대체 뭘까. 막상 성서에 나오는 예수의 어린 시절과 가족관계는 평범하기 그지없다.

마리아의 남편 요셉은 의로운 사람이었다곤 하나 약혼녀의 임신 사실을 알고는 세상에 드러내고 싶지 않아서, 남모르게 마리아와 파혼하기로 작정하는(마태 1,19) 평범하게 선한 사람이다. 마리아의 아이를 함께 키울 만큼 사랑하는 사이는 아니었고, 그렇다고 사정도 모르면서 마리아를 무턱대고 비난하는 무뢰배도 아니다.

양부 요셉이 평범하다는 사실은 그만큼 예수의 어린 시절에 영향을 많이 미치지 못했으리란 추론이 가능하다. 그래서인지 성서에는 아버지 요셉 이야기가 별로 수록되지 않았다. 예수의 비범함과 요셉의 범상함이 공존하기엔 성서는 너무 격하게 드라마틱한 책이다.

더욱이 하느님의 아들이란 예수의 위치 때문에도 요셉의 아버지 역할이 들어설 틈이 없었을 것이다. 예수에 대한 기록이 성서 외 별다른 자료가 없긴 하지만, 적어도 성서의 예수가 확실히 높은 신분은 아니었다.

예수의 설교를 듣고 보인 고향 사람들의 반응은, 뭐지? 우리가 알던 그 예수야? 별로 내세울 것도 없는 집안의 아들 그 예수? 이랬다.

> 저 사람은 목수의 아들이 아닌가? 그의 어머니는 마리아라고 하지 않나? 그리고 그의 형제들은 야고보, 요셉, 시몬, 유다가 아닌가? / 그의 누이들도 모두 우리와 함께 살고 있지 않는가? 그런데 저 사람이 어디서 저 모든 것을 얻었지?
>
> (마태오복음 13장 55-56절)

이처럼 놀라워하는 이웃 주민들의 태도로 미루어 일단 예수의 설교가 무척 인상적이고, 다른 데서 흔히 들을 수 없는 새로운 말씀이었다는 것만은 분명하다.

'목수의 아들' 정도가 '어디서 저 모든 것을 얻었지? 하는 이웃 주민들의 감탄에서 알 수 있다. 평범한 목수인 요셉 밑에서 목수 일이나 배웠을 예수라는 가정과 함께. 그러니까 신인류의 탄생인 것이다.

그런데 거기에 더해 군중들 틈에 낀 어머니와 형제들은 자신을 찾아온 가족들을 나 몰라라 하는 예수와 만난다. 이건 또 무슨 일일까, 예수가 패륜을?

> 예수님께서 당신께 말한 사람에게, "누가 내 어머니고 누가 내 형제들이냐?" 하고 반문하셨다. / 그리고 당신의 제자들을 가리키시며 이르셨다. "이들이 내 어머니고 내 형제들이다."

(마태오 12장 48-49절; 마르코 3장 33-34절; 루카 8장 20-21절)

이 사건을 통해 알 수 있는 사실은 예수의 대중 연설가로서의 모습은 예수를 아는 사람들, 특히 가족들에게도 낯선 상황이란 것이다. 그래서 어머니와 형제들이 찾아왔을 때 예수는 가족을 모른 척했다. 자신을 집으로 데려가려고 찾아온 것일 테니까.

예수는 집안을 책임져야 하는 장남으로 생계형 가장이었을 확률이 높다. 그러나 이때 예수의 선택은 육의 가족이 아닌 영의 가족이었다. 그리고 육의 가족도 영의 가족이 됐을 때 비로소 받아들였다.

이런 점에서 보면 예수는 오늘날의 우리에게도 잘 먹히지 않을 정도의 평등주의자이다. 약자를 배려하는 것을 넘어 약자를 높이 세우는 일을 빈번하게 행했다. 그러니 당대엔 더 조롱과 의심을 받았을 거였다. 더구나 외모도 수려하지 않았던 거 같다.

유다인들이 예수에게 "당신은 아직 쉰 살도 되지 않았는데 아브라함을 보았다는 말이오?"(요한 8,57) 하고 묻는 장면이 있다. 당시 예수는 30대였는데 쉰 살이라니, 그리고 쉰 살이라고 아브라함을 어찌 봤을까. 그래서 이 문장은 예수가 노안이었나보다 하는 데 주목하게 만든다.

신분은 미천하고 출신지도 가난한 동네인데다 외모도 별로였는데 식견만 높았다? 인류 전체를 향한 복음화 계획에 예수가 직접 이런 불리한 조합에 동의했길 빈다. 그게 아니라면 예수의 생애를 극적으로 이끈 조건들이 너무 가혹하다.

대중적 인지도가 꽤 높았던 세례자 요한이 예수보다 여섯 달 빠른 친척 형(루카 1,36)인데도, 예수가 세례를 받은 후 둘의 만남이 전혀 기록되지 않은 것으로 보아 둘은 인생관도 구원관도 달랐던 듯싶다.

그래서 세례자 요한과 같은 교단이었으나 세례식 이후 광야에서의 수행을 거친 뒤 교단을 나왔으리라. 자신이 신의 아들임을 깨달은 예수가 독자적인 행보를 했을 터이고, 그래서 유대교 어떤 교파의 지원도 받지 못했다.

그러나 역사적 예수의 이런 행보와 달리 묵시록에서의 예수는 절대 권력자의 이미지를 갖는다.

'성실하시고 참되신 분'이라고 불리시는 그분은 정의로 심판하시고 싸우시는 분(묵시 19,11)이며, 이름은 '하느님의 말씀'(묵시 19,13)인데, 그분의 옷과 넓적다리에는, '임금들의 임금, 주님들의 주님'이라는 이름이 적혀 있다(묵시 19, 16). 더하여 예수가 있는 곳으로 "사람들은 민족들의 보화와 보배를 그 도성으로 가져"(묵시 21,26) 간다.

임금들의 임금이고 주님들의 주님이시니 세상 사람들이 민족들의 보화와 보배를 그 도성, 곧 새 예루살렘으로 가져온다는 것, 참 인간적인 희망이다. 세상의 모든 권력과 재물이 모이는 장소 새 예루살렘, 그곳은 육을 가진 인간에겐 대단한 자부심이 느껴지는 아주 세상적인 공간이다.

그리고 이는 순교와 박해의 위험에 노출된 채 하루하루가 두렵고 고통스러운 당대 그리스도인들에게 기대와 희망을 주는 메시지였다. 죽음과 맞바꾼 비전의 메시지가 가장 화려한 세속의 삶이란 게 의미심장하다. 인간이 그만큼 육적이고 물질적인 존재임을 인정하는 것이기에.

그런데 이토록 화려한 세계를 다스리는 왕의 지위에 있는 예수님의 이름이 '하느님의 말씀'이다. 왜일까, 그건 아마도 일상이 두렵고 불안한 교인들에게 물질의 보상은 당장 멀고 언제 이루어질지도 알 수 없기에 그랬으리라. 순교자에게 약속된 보상이 일상의 평화를 보장해주진 않으니까.

묵시록도 신약이다. 비록 구약 인용이 과반이라 해도 '말씀'이 빠질 리 없다. 묵시록은 이 말씀의 화신인 예수가 "나의 천사를 보내어 교회들에 관한 이 일들을 너희에게 증언하게"(묵시 22,16) 하려고 기록한 것이라 했다.

그리고 '이 일들'이란 우상숭배 금지와 순교 격려, 순교 후의 보상과 로마 황제 및 거짓 예언자들에 대한 심판, 더하여 마지막 때 이루어질 사탄의 세상 종말, 그리고 나서 찾아올 새로운 세상에 대한 예고 등이다.

예수는 이런 일련의 과정에서 구약의 약속을 신약의 예언으로 치환한다. 이렇게 예수의 등장으로 글로벌 기준의 종교가 탄생한 것이다. 묵시록은 그 과정을 그대로 드러내고 있는 일기 같은 기록물이다. 그런데도 이 책을 두려워한다면 그건 저자 요한에 대한 예의가 아니다.

02 진짜 작가, 가짜 작가

요한은 누구?

묵시록은 누가 썼을까? 요한의 묵시록이니 당연히 요한이 쓴 거 아냐? 물론 그렇다! 문제는 그 요한이 어떤 요한이냐는 건데, 일단 사도 요한은 아니란 게 성서학계의 주류설이다. 왜냐, 요한복음의 문체와 요한 묵시록의 문체가 다르고, 내용 면에서도 요한 묵시록은 구약에 대한 인용이 전체 글의 반을 넘어 신약 성서적 특성이 다른 신약의 책들에 비해 현저히 적기 때문이다.

번역서로 읽는 우리가 성서 문체를 따지기란 쉽지 않다. 그래도 확실하게 알 수 있는 사실이 있다면 묵시록에 구약 관련 인용구가 과반이란 것이다. 그래서 묵시록의 저자인 요한은 유대 문화의 전통과 관습에 익숙한 유대인으로 유대교를 잘 아는 그리스도교의 장로 요한 정도로 추정한다.

이처럼 요한 묵시록은 구약 관련 자료가 대거 인용됨으로써 신약 기반의 그리스도교에선 불편한 책으로 인식되었다. 그래서 마르틴 루터(1483-1546)는 "요한 묵시록에는 그리스도의 가르침이 없다."고까지 했고, 루돌프 불트만(1884-1976)도 "빈약하게 그리스도화된 유다이즘"이라고 평했다.

또 장 칼뱅(1509-1564)은 신약 중 유일하게 묵시록만 주석을 쓰지 않았으며, 마이클 고먼(1955-현재)은 요한 묵시록의 상징이 그리스도를 가리고 평범한 그리스도인들을 혼란케 할까 봐 두려워했다.

이 정도면 요한 묵시록이 어떻게 성경에 포함됐는지 의구심이 든다. 가톨릭은 성경 외에도 전례와 교리를 중시하기에 성경 의존도가 덜하나 개신교는 가톨릭에 대한 반발로 성립된 종교라 '오직 성경'을 정체성으로 삼고 있다. 따라서 요한 묵시록, 즉 개신교 용어로 요한 계시록은 매우 곤란한 책인 동시에 거대한 희망의 책인 탓에 신학자들의 우려대로 여러 이단 성립의 깃발이 되었다.

물론 무엇을 기준으로 이단이냐 아니냐를 규정할까 하는 문제도 간단하진 않다. 그러나 적어도 우리처럼 종교의 자유가 있는 나라에선 종교로 들어오고 나가는 길이 자유롭고 개방적이어야 한다. 개인의 자유의지에 따른 선택을 방해하는 종교, 예를 들어 벌 받을까 두려워서 교회에 매여 있게 하는 종교라면 의심해보아야 한다. 자유롭게 사고하지 못하는 신앙인이 이단에 끌리기 쉽기에 그렇다.

판단을 자기 자신이 아닌 외부에 맡기는 사람일수록 강력한 존재와 절대 진리를 맹신한다. 이는 정신연령이 어릴수록 부모의 권위가 절대적이며 부모에게 모든 판단을 맡기고 의존하는 경우와 비슷하다. 이런 맹목을 신앙인의 순종과 혼동하면 곤란하다.

둘은 엄연히 차이가 있다. '맹목'이 자기 의지를 버리고 절대자에게 생각 없이 의존하는 것이라면 '순종'은 자기 의지를 갖고 스스로 선택해서 절대자를 따르는 것이다. 더구나 코앞으로 다가온 AI(인공지능) 시대에 자기 의지 없는 사람을 우리 인간이 어떻게 AI와 구분할 수 있을까.

현재 AI의 발전 정도는 범인의 상상력을 초월해 있다. 워낙 지금의 과학이란 게 대규모의 자본과 초엘리트 중심의 연구로 이루어져 있어서 일반인들은 전해주는 정보만 접할 뿐 그 발전 과정의 현장을 이해하기가 어렵다. 산업혁명 때와 달리 평범한 대중들이 끼어들 틈새 자체가 없다. 그래서 한 번씩 뉴스를 보며 깜짝깜짝 놀라는 게 우리 보통 사람들의 역할이다.

그런데 종말에 대한 불안 또한 높아지고 있는 것도 사실이다. 과연 호모 사피엔스가 이대로 얼마나 연명할 수 있을까 하는 의심, 아이러니하지만 이런 종말적 위기의식에 대한 미래 전망이 특이하게도 한쪽은 기계화와 한쪽은 영성화로 나뉜다.

이중 기계화는 긍정과 부정, 양쪽의 시나리오가 공존한다. 우울한 전망은 인간보다 월등한 AI가 인간을 지배하는 세상이 올 거라는 것이고, 희망적인 전망은 AI의 도움으로 인류 역사상 최고의 지적 혁명을 이뤄 신인류의 세계가 등장한다는 것이다.

이에 비해 영성화 쪽은 물질 중심 세상에서 마음 중심 세상으로 이동하니 우리 삶이 과거와는 전혀 다른 방식으로 진행된다고 예측한다. 즉, 패러다임의 전환이 일어나 완전히 새로운 세계가 열린다는 전망이다. 이란 주장 중에는 인간이 육체의 한계를 뛰어넘어 신적 경지에 오른다는 쪽도 있다. 도교에서 말하는 무릉도원과 비슷하다. 신선들의 나라.

우리가 모두 '신'이니 다툴 일도 굶주릴 일도 상처받을 일도 없다. 앗! 이 경지는 묵시록의 새 하늘 새 땅인데? 그렇다! 슬픔과 고통과 눈물이 없는 세상, 오직 영생과 넘치는 생명력만 존재하는 세계. 어둠이 없고 빛과 환희만 흘러넘치는 낙원. 이렇게 저자 요한은 순교와 박해의 위험에 노출된 초대 일곱교회의 신자들에게 위태로운 현실을 견디는 비전을 제시한다.

저자에 대한 또 다른 문제는 요한 묵시록이 쓰인 시기가 1세기 전후라는 것이다. 요한이 살아서 파트모스섬에 유배 갔다면 얼추 80세는 넘어야 한다. 그래도 성령으로 은혜받아 요한복음과도 다르고 요한의 서간과도 다른 문체로 요한 묵시록을 썼다고 믿는다면, 여기서부턴 개인의 선택 영역이다.

다만 우리가 알아야 할 사실은 당시 유대인들은 자신이 존경하는 사람의 이름을 저자로 쓰는 일이 흔했다는 것이다. 그러므로 사도 요한의 영향을 받은 제자가 스승의 이름을 차용한 건지, 사도 요한을 흠모했던 저자가 자신의 이름도 요한이었는지, 아니면 요한이 실명은 아니고 필명인 건지, 지금의 우리가 알기 어렵다는 게 아쉽지만 진실이다.

그런데 우리에겐 가짜 작가라고 하면 위서라고 해서 매우 천대하는 풍토가 있다. 격암유록이 진짜 남사고가 쓴 예언서가 아니란 학계의 평가는 그간 격암유록을 경전으로 삼았던 우리나라 민족 종교계에 큰 상처를 입혔다. 가짜라고? 우리가 속은 거야? 인정 못 해! 그래서 어디서는 남사고가 직접 쓴 책이 아니란 사실을 여전히 숨기고 있으나 그러는 동안에도 격암유록의 가치는 슬금슬금 떨어지고 있다.

이런 풍토에서 '성경'이라는 어마어마한 권위의 책에 감히 그 저자가 진짜 그 사람이 아니라고, 또는 적어도 아닐 수도 있다고 차마 얘길 못 하는 게 현실이다. 산타 할아버지가 아빠라는 사실을 나이가 들어도 인정하지 못하는 상황, 산타 할아버지는 루돌프를 타고 하늘을 날아 굴뚝으로 내려와 내 양말에 선물을 넣고 가셔야 하니까.

이걸 어른이 돼도 믿어야 하는 건 아이러니다. 신앙인의 동심을 지켜준다는 건 그만큼 신앙의 단계가 어리다는 것이므로. 그러니 우리도 유연해질 필요가 있다. 유대민족이 자기들 문화에 갖는 우월감을 보라. 우리 조상들이 선택하고 백성들이 오랜 시간 공유한 자료와 정보라는 이유만으로 텍스트의 가치는 충분하다고 말한다.

그래서 우린 창세기 1장의 창조 순서와 2장의 창조 순서가 달라도 신경 안 쓴다고, 예수님의 족보가 마태오복음과 루카복음이 달라도 어쩌라고, 공동체가 긴 시간을 통해 존중해온 기록은 다 소중하다고, 유대인들은 그렇게 자신들의 기록물을 방어한다.

이런 유연한 사고가 우리에게도 필요하지 않을까? 따지고 보면 틀린 말도 아니고 말이다. 속담에는 모순되는 진리가 공존한다. 아는 게 힘이라면서 어떨 땐 아는 게 병이고 모르는 게 약이란다. 사자성어도 그렇다. 과유불급 곧 지나치면 모자람과 같다면서 어떨 땐 다다익선 즉 많으면 많을수록 좋단다. 어쩌랴, 우리 삶이 입체적이라 상황에 따라 다른걸.

그렇기에 모순은 나쁜 게 아니다. 특정 권위를 잣대로 공동체의 선택에 작위적인 재단을 하지 않았기에, 지금도 우리에게 해석의 공간을 열어주는 책이 성서이기 때문이다. 바로 이 점이 성서의 위대함이며, 시간과 공간을 초월해서 여전히 우리에게 영향력을 미치는 이유다. 모순되는 내용 때문에 해석이 무궁무진하다는 거, 그래서 오늘날의 우리에게도 유용하다는 거.

그런데 유대인은 왜 핍박받았을까? 당시 로마인들은 유대교와 그리스도교를 구분하지 못했다. 로마인들의 입장에서 보면 유대교인이나 그리스도교인이나 변방의 이방인일 뿐 특별한 사람들이 아니었다. 그런데 황제 숭배 거부라는 큰 틀에서 유대인들은 똑같은 저항 세력이었다. 그들은 유일신 사상을 내세우며 황제의 신전에 가서 경배하는 일을 거부했다.

로마에서 황제 숭배 의식은 종교적 행위가 아니라 정치적 행위였다. 로마 제국이란 거대한 통치 지역을 다스리는 데 황제 숭배는 구심적 역할을 했다. 로마는 다신교 국가였기 때문에 종교적 박해 같은 것이 없었다. 그래서 유대인들의 황제 숭배 거부를 이해하지 못했다.

1세기 소아시아에선 로마 제국에 대한 충성심을 표현하고자 자발적으로 카이사르 신전 건립의 허락을 요청하기도 했다. 로마 황제 숭배 의식은 정치적 행위로 당시 소아시아 지역에 널리 퍼져 있었고, 당연히 황제 숭배 의식은 개인의 신앙심과 전혀 상관이 없었다. 그러니 이를 우상숭배라고 거부하는 유대인들이 로마인들에겐 정치적 저항 세력으로 보였다.

정치와 종교가 분리된 정교분리 사회인 로마의 관점에서 보면 황제 숭배를 거부하는 유대인들은 로마 시민의 의무를 거부하는 반란 세력인 셈이다. 정치와 종교가 일치하는 정교일치의 사회인 이스라엘의 특징을 잘 몰랐기 때문이다. 당대 세계의 중심이었던 로마 제국의 입장에서 유대인들은 별도의 관심을 가질 만큼 중요한 존재도 아니었다.

굳이 황제 숭배 같은 형식에 불과한 의식에, 굳이 자신의 정체성과 심지어 목숨까지 거는 유별나고 이상한 무리 정도였다. 유대교인과 그리스도교인이 구별도 되지 않았고, 그저 이해하기 어려운 문화를 지키려는 낯선 이방인에 지나지 않았다. 황제숭배의식은 1년에 겨우 한 번 있는 관례화된 행사일 뿐인데 여기에 왜 목숨을 걸지? 이것이 박해의 원인이 되었다.

요한 묵시록이 1세기 전후에 쓰였을 것으로 추정하는 이유도 도미시아누스 황제의 통치 기간에 그리스도인에 대한 박해가 심해졌기 때문이다. 도미시아누스 황제의 재임 기간은 81년에서 96년인데 이때 황제 숭배 의식이 강화되었다.

현재 남아 있는 '도미시아누스 칙서' 문서에 의하면, 첫 문장이 "우리 주이시며 신이신 도미시아누스는 명하신다."라고 시작된다. 여기서 유대인들에게 문제는 "우리 주이시며 신이신"이란 글귀다. 어찌 일개 황제가 감히!

거기다 매년 1회 로마 시민의 의무로서 황제 신전에 들러 카이사르 신에게 향을 피우며 "카이사르는 주이시다."라고 고백해야 했다. 신전은 교구가 분리돼 있어서 로마는 구역별로 관리와 사제를 배치했다. 그들은 의식을 마친 사람들에게 '증명서'를 배부했는데, 다음과 같은 증명서가 발견되어 기록으로 남아 있다.

> 「제사를 관장하도록 임명된 사람들에게, 테옥세너스 마을에서 온 이나레스 아케우스는 테아델피아 마을에 사는 그의 자녀 아이아스와 헤라와 더불어 문안합니다. 우리는 언제나 신들에게 제사를 드려왔고 이제 당신의 면전에서 규칙에 따라 우리는 제사를 지냈고 제주를 드려 그것을 맛보았으며 이제 우리에게 그렇게 행했다는 증명서를 발행해 주시기 바랍니다. 안녕히 계십시오」

그러면 "황제의 대리인인 우리들 세레노와 헤르마는 당신이 제사 드린 것을 증명함." 이런 식으로 증명서를 써 주었다. 이처럼 황제숭배의식의 일상화는 정치적 통제로 익숙하게 관료화된 의례였다. 그래서 이를 거부하는 행위는 종교적 신앙의 문제가 아니라 정치적 저항의 문제로 로마인들은 인식했다.

여기서 충돌하는 지점이 순교냐, 타협이냐 하는 것이다. 이때 요한 묵시록은 "귀 있는 자는 들어라!"를 7번이나 반복하면서 간절함을 드러낸다. 어쩌라고? 순교하라고, 우상 숭배하면 그 죄를 용서받지 못한다고, 대신 순교하면 그 거룩한 행위를 다 보상받는다고.

이런 묵시록의 태도는 바오로 쪽의 입장과 구분된다.

"

사람은 누구나 위에서 다스리는 권위에 복종해야 합니다. 하느님에게서 나오지 않는 권위란 있을 수

> 없고, 현재의 권위들도 하느님께서 세우신 것입니다. / 그러므로 권위에 맞서는 자는 하느님의 질서를 거스르는 것이고, 그렇게 거스르는 자들은 스스로 심판을 불러오게 됩니다.
>
> (로마서 13장 1-2절)

이방인 전도의 현지화 전략을 택한 그리스도인들은 '현재의 권위'를 인정함으로써 일단 목숨을 지키고자 했다. 무엇이 더 옳았는지 그걸 말하긴 어렵다. 얼마나 어려우면 예수님은 "카이사르의 것은 카이사르에게 하느님의 것은 하느님께 돌려라."라고 했을까. 교리상 세상 만물의 창조주는 유대교의 야훼신이나 현실은 로마 제국의 패권 아래 놓인 식민지 백성이므로.

우리 인간은 누구도 세상 이치를 독점할 수 없다. 그래서 집단지성을 신뢰하며 민주주의를 내세웠던 이성 중심의 근대가 저물어가는 지금, 한 시대의 끝물에서 극단주의가 폭증하는 현장을 우리가 직접 체험 중이다. 종말이 따로 있나, 구시대가 가고 새 시대가 오는 것, 그런 패러다임의 전환기 때 과거는 더 이상 현재와 연속성을 갖지 못한다.

천동설이 지동설로 바뀔 때처럼 세상을 해석하는 기준점이 바뀌는 시기, 그것이 기존의 관점에서 보면 마지막 때이다. 지동설이 다수에 의해 인정되는 시점부터 더 이상 천동설은 발 디딜 틈이 없어지고,

천동설에 입각한 기존의 이론과 사고들이 전부 폐기되기 때문이다.

인류는 한 단계씩 업그레이드될 때마다 이처럼 무지막지한 지각변동을 겪어왔다. 하물며 예수는 기원전과 기원후로 세계사의 기점을 나누는 어마어마한 존재다. 이보다 더 극적인 전환이 인류사에 있었나 싶다.

이런 마지막 때에 누구는 살아서 하느님의 영광을 드러내고, 누구는 죽어서 하느님의 계획을 실현한다. 그리고 이 선택은 내가 하는 것일 수도 있고 이미 정해진 것일 수도 있다. 다만 현재를 살아가는 우리가 그걸 모른다는 게 함정.

영화 '콘클라베(Conclave, 2025년)'는 교황을 선출하는 추기경들의 비밀회의를 다룬 스릴러물이다. 이런 정적인 소재로 어떻게 스릴러를 만드나 했는데, 이 영화는 보는 내내 반전의 반전의 반전을 거듭해서 대단한 몰입감을 선사한다. 인간 군상을 둘러싼 가지가지의 욕망들, 그러나 욕망의 끝에서 참회하고 최선을 이뤄내는 과정들.

특히 감독관을 맡은 로렌스 추기경의 첫째 날 즉흥 연설은 신앙과 신비에 대해 우리의 닫힌 가슴을 여는 비밀의 열쇠처럼 다가온다.

"제가 어떤 것보다 두려워하게 된 죄는 바로 확신입니다. 확신은 화합의 가장 큰 적입니다. 확신은 관용의 가장 치명적인 적입니다. 그리스도조차 마지막 순간까지 확신하지 못했습니다. '엘리, 엘리 나마 사박다니? 그는 십자가 위의 극심한 고통 속에서 9시간째에 이렇게 외치셨습니다. '나의 하느님, 나의 하느님 어찌하여 저를 버리십니까? 우리의 믿음이 살아 있는 것은 바로 의심과 함께 나아가기 때문입니다. 만약 확신만 있고 의심이 없다면 신비도 없을 것이고, 그렇다면 더 이상 믿음도 필요치 않을 것입니다."

로렌스 추기경의 이러한 고백은 믿음에 대한 확신이 오히려 비주체적인 맹종으로 변색하기 쉬움을 경고하는 한편 인간에게 왜 신비가 필요한지를 역설한다. 인간은 영적인 존재이기도 하지만 생물학적 존재이기도 하다. 어쩔 수 없이 물리적 제약을 받고 시공의 한계에 갇히고 가장 객관적이라는 감각마저 불완전하다.

무지개처럼 누구에게나 똑같이 보이는 자연현상조차 나라별로 3색부터 7색까지 다양하지 않은가. 지금의 우린 서구의 영향을 받아 일곱 빛깔 무지개가 익숙하지만, 우리 조상님들은 오색 무지개라고 기록해 놓았다. 무지개란 자연현상이 옛날과 지금이 다를 리 없는데 이를 인지하는 우리 감각이 언어의 규정에 따라 영향받는다는 거, 그러니 인간의 감각이 얼마나 불완전하며 객관성이란 게 진짜 있긴 한 건가 싶다.

이러니 어떻게 인간이 세상만사 모든 일을 의심하지 않을 수 있을까. 이렇게 불안하고 두려운 삶에서 의심은 인간에게 필연적일 수밖에 없다. 그런데 신비가 그런 인간의 태생적 한계 때문에 나타나는 의심 덕분이라니 미완의 인간으로서 위로가 된다. 너도 두렵니? 나도 두려워, 너도 괴롭니? 나도 괴로워, 이런 공감이 그 어떤 미사여구 감언이설보다 따뜻하기에.

03 신앙인으로 산다는 것

일곱 교회에 편지 보낸 이유

요한은 일곱 교회에 편지를 써서 보내는데 그 편지글이 묵시록 2~3장의 내용이다. 지금 그 일곱 교회는 튀르키예의 성지순례 관광지로 유명하다. 그렇다면 요한은 왜 일곱 교회에 편지를 보냈을까?

> 그 음성은 나에게 "네가 보는 것을 책으로 기록하여 에페소, 스미르나, 베르가모, 티아티라, 사르디스, 필라델피아, 라오디게이아 등 일곱 교회에 보내어라." 하고 말씀하셨습니다.
>
> (요한묵시록 1장 12절)

'그 음성'이 요한에게 일곱 교회의 이름을 일일이 들면서 편지를 보내라고 했기 때문이다. 그리고 그 음성은 "예수 그리스도의 계시"

인데, 그것은 "그리스도께서 당신 천사를 보내시어 당신 종 요한에게 알려 주신 계시"(묵시 1,1)이다. 그러니까 요한은 예수 그리스도의 계시를 예수님이 보내신 천사를 통해 전달받았고, 이를 다시 일곱 교회에 전하는 전달자로서 편지를 쓴 것이다. 그런데 그 편지에 좋은 내용만 있는 것이 아니다.

남의 땅에서 낯선 이방인으로 사는 것도 고달픈데 위로는커녕 "너에게 나무랄 것이 있다. 그것은 네가 처음에 지녔던 사랑을 버린 것이다."(묵시 2,4)라며 에페소 신자들에게 첫사랑의 뜨거움을 확인까지 하려 한다. 그렇지 않아도 로마 황제의 박해로 인해 그리스도인으로 살아가는 것도 힘들고 고통스러운데, 그 음성이 교회 내 사정을 모르는 것도 아니면서.

요한의 입을 빌린 그 음성은 당시 교회 상황을 너무나 잘 알고 있었다. 그래서 스미르나 신자들에게 "나는 너의 환난과 궁핍을 안다."(묵시 2,9)라고 말한다. 교회 내부 사정을 잘 알기에 교회별로 나무랄 점에 대해서도 상당히 구체적으로 경고한다. 그런데 그 나무람의 이유가 하나같이 우상숭배와 관련이 있다.

페르가몬 신자들에겐 "발라암의 가르침을 고수하는 자들이 있다. 발라암은 발락을 부추겨, 이스라엘 자손들 앞에 걸림돌을 놓아 그들이 우상에게 바친 제물을 먹고 불륜을 저지르게 한 자"(묵시 2,14)이니 회개하라고 하고, 티아티라 신자들에겐 "이제벨이라는 여자"가 "예언자로 자처하면서 불륜을 저지르게 하고 우상에게 바친 제물을 먹게 한다."(묵시 2,20) 라고 질타한다.

발라암은 민수기에 나오는 이방인 예언자로 모압 왕 발락에게 이스라엘 백성을 저주해 달라는 요구를 받지만, 번번이 발락 앞에서 이스라엘 백성을 축복하고 만다. 발라암의 입을 야훼 신이 통제했기 때문인데 이 과정에서 발라암은 발락에게 이끌려 바알 신에게 제물을 바쳤다.

그리고 이제벨은 페니키아의 공주로 북이스라엘의 7대 왕인 아합의 아내였는데 바알 숭배자였다. 그래서 아합에게 사마리아에 바알 신전을 짓게 하고 아세라 여신상도 세우게 했다. 그게 자신의 정체성이라서, 어릴 때부터 믿어온 신앙의 뿌리라서.

이렇게 이제벨(이세벨)은 거짓 예언자의 상징이 되었고, 이 이름만으로 유대인들은 그 의미를 간파할 수 있었다. 그런데 이 이름이 21세기 한국에선 낯설고 이질적이라 이세벨에 대한 별의별 해석과 아전인수 격의 설명이 등장하는 것이다. 오호, 통재라!

어쨌든 오늘날 종교의 자유가 있는 다원주의 사회인 대한민국에서 보자면 남의 신앙을 억압하는 건 잘못이다. 그러나 당시 유대민족은 유일신 야훼 신앙으로 똘똘 뭉쳐 주변 강대국들에 대항했고, 이런 전략은 주효했다. 선악에 대한 이분법적 세계관, 사탄에 대한 불타는 적개심이 이스라엘 민족의 고유성과 정체성을 지키는 동력이 되었던 것.

다시 본문으로 돌아오면 이러한 편지 내용으로 봐서 요한은 구약에 정통한 사람이고, '발라암'과 '이제벨'이란 이름은 유대인들에게 친숙한 인물이란 것이다. 둘 다 이방인으로 바알 신에게 제물을 바친 자들이고, 이는 이스라엘 백성이 우상숭배를 하게 되는 계기를 마련해 준 행위다.

그렇다면 대체 바알이 누구길래 구약에서 이토록 유명할까?

현재 레바논에 있는 바알베크의 신전들은 유네스코 문화유산으로 지정되었다. 이 신전들은 페니키아 시절 로마 제국의 지배를 받을 당시 국력을 자랑하고 싶었던 로마에 의해 지어졌다. 로마가 자신들의 문화를 드러내고자 이곳에 그리스·로마 신들의 신전을 지었는데, 다신교였던 로마답게 기존의 바알 신전을 그대로 두었다. 그래서 지금도 그 흔적이 남아 있다. 바알베크라는 지명에서도 알 수 있듯 이 지역은 바알 신과 관련된 곳이다.

'바알'은 주인, 남편, 소유의 의미로 가나안 원주민들에게 가장 인기 있는 최고신이었다. 풍요와 다산, 전쟁을 주관하는 신이니 어떻게 인기가 없을 수 있을까. 인도에서도 창조신 브라흐만이 풍요와 다산을 관장하는 비슈누 신이나 파괴를 담당하는 시바 신보다 훨씬 더 인기가 없다. 인지상정이라고 가나안에서도 창조신 엘보다 풍요의 신 바알이 월등 인기가 높았다.

이제벨의 아버지인 페니키아의 왕 이름도 '엣바알'이고, 바알 신전이 있는 지역 이름도 '바알베크'인 것처럼 '바알'은 인명과 지명에 섞여 사용될 정도로 일상화된 명칭이었다. 이 정도로 친숙하고 영향력이 막강한 신을 어떻게 근절시킬 수 있겠는가.

그러나 유일신을 믿는 유대인에게 다신교 전통은 공존할 수 없었다. 그래서 이 인기 많은 바알 신과 싸우느라 야훼 신은 이스라엘 백성들에게 수시로 상처받는다.

> *주님의 말씀이다. 그날에는 네가 더 이상 나를 "내 바알!"이라 부르지 않고 "내 남편!"이라 부르리라. / 나는 그 여자의 입에서 바알들의 이름을 치워 버리리니 그 이름이 다시는 불러지 않으리라.*
>
> (호세아서 2장 18-19절)

호세아서에서 보듯 주님은 자신을 이스라엘 백성들의 '남편'이라고 부른다. 그런 이유로 바알 신을 숭배하는 일은 남편을 배신하고 외간 남자와 놀아나는 악행, 즉 불륜을 저지르는 행위와 같다. 그래서 성서에는 우상숭배를 불륜에 비유해서 설명할 때가 많다. 이런 맥락에서 음란한 짓도 불륜과 동일한 의미로 우상숭배를 가리키는 것이다.

그런데 1세기 전후 로마 제국에서 살아가는 유대인들에게 우상은 로마 황제였으니 이때의 음란한 짓은 황제숭배의식에 참여하는 행위를 말한다. 지금의 우리에게 발라암이나 이제벨은 낯설고 중요하지도 않은 구약의 인물일 뿐이나, 당시 그리스도인들에게 그들은 이스라엘 백성을 타락시켜 우상숭배를 하도록 만든 역사적 인물이었다.

이처럼 요한은 민족의 과거 사례를 들어 우상을 숭배하면 벌을 받는다고 경고한다. 그래서 필라델피아 신자들에게 "사탄의 무리에 속하는 자들은 유다인이라고 자처하지만 사실이 아니다. 거짓말을 하고 있을 뿐이다."(묵시 3,9)라고 말한다. 여기서 눈여겨볼 점은 유다인 중에서 사탄이 있다는 것이다. 즉, 구분이 확실한 외부인만이 사탄이 아니라 구분하기 어려운 내부인 중에서도 사탄이 존재한다는 지적에 주목하게 된다.

『사탄의 탄생』에서 일레인 페이절스는 유대교의 사탄이 시의에 따라 어떻게 정의돼왔는지를 설명한다. 그에 따르면 '사탄'은 민수기, 욥기에선 '하느님에게 순종하는 종'이었고, 신명기에선 '하느님의 존재를 위협하는 우상'이었다가, 즈카르야(스가랴)에선 내부의 적으로 '이민족의 문화 및 상업 관행을 채택하는 교파'로 그 개념이 확장되었다.

이 지점에서 우린 사탄의 실체에 대해 고민하게 된다. 사탄이란 무엇인가? 구체적인 존재이긴 할까? 이런 의문에 대해 윌리엄 그린은 "사회는 타자를 발견하는 것이 아니라 날조한다."라고 일갈한다. 이질적인 타자에게 자신의 시간을 할애할 만큼의 여유가 없는 인류가 그간 해온 일이기도 하다.

영화 '아바타'에서도 상대를 '괴물'이라고 칭하니까 얼마나 죽이기 쉬워지는지, 마찬가지로 '사탄'의 존재도 이스라엘이 처한 상황에 따라 그 개념이 확대되어왔음을 알 수 있다.

이는 우리가 일상에서 흔히 겪는 일로 얼마나 쉽게 남에 대해 규정하는지를 생각해보면 수긍할 수밖에 없다. 세대 갈등, 성별 갈등, 지역 갈등, 진영 갈등, 직업 갈등, 계층 갈등, 주거지 갈등 등등 우리 사회도 내 편이 아닌 상대를 이해하려는 노력 대신 단칼에 악마화하는 경향이 있으니까.

그리고 이런 이분법적 규정은 일상이 전쟁이고 삶의 현장이 전쟁터라는 인식으로 인해 정당화된다. 나와 다른 상대는 모두 나의 적이니까 상대를 먼저 죽이는 게 나를 지키는 유일한 방법이란 자기방어.

그러려면 상대는 무조건 나쁜 놈 가해자여야 하고 나는 착한 사람 피해자여야 한다. 그리고 요한 묵시록에선 사탄에 대한 페이절스의 세 가지 개념이 전부 사용된다. 그것이 용과 짐승과 바빌론(바벨론) 탕녀이다. 이에 대한 자세한 설명은 다른 장에서 각각 다루겠다.

물론 이분법적 사고가 유대인만의 전유물은 아니다. 메소포타미아 신화에서도 선신과 악신이 존재했다. 다만 이때의 선신 아후라 마즈다는 조로아스터교의 최고신이다. 이 말은 악신도 신들 중 하나로 우여곡절 끝에 선신에게 패배하는 존재지만 그래도 신은 신이란 얘기. 반면 유대교의 야훼는 유일신이다. 세상에 신은 오직 한 분뿐.

이처럼 우주에서 신은 오직 야훼뿐이니 사탄이라고 해봐야 전부 피조물이고, 제아무리 대단해봤자 급이 떨어지는 궤도 이탈자란 태생적 한계가 있다. 이때의 선신과 악신 대결은 동등한 싸움이 아니라 일방적인 처벌의 문제다. 이런 세계관 앞에서 까불어봤자 악의 처단은 시간문제. 모든 결정은 야훼의 의지와 계획대로 이루어진다.

그리스도교는 이런 유대교의 유일신 사상을 그대로 계승했다. 거기에 인류애라는 보편적 정서와 철학을 담았다. 진실로 막강한 종교의 탄생이다. 제국주의와 찰떡인 세계관이기도 하다. 이러니 고대 시대의 최강 제국인 로마가 어떻게 국교의 유혹을 참을 수 있었을까.

이렇게 그리스도교는 서구를 통제하고 점차 점차 글로벌 종교가 되면서 세계사를 지배한다. 서구를 사로잡은 매력적인 이분법, 나는 하느님의 보호를 받는 선민이고 너는 하느님의 대적자인 사탄이야, 이러면 게임 끝! 폭력에 정당성을, 전쟁에 명분을 준다. 영화 아바타의 미군이 판도라 행성을 착취하면서, 저들은 괴물이야, 하면 맘 편히 죽일 수 있듯이.

그런데 진짜 문제는 작금의 우리나라도 내 편은 선, 내 편 아니면 악, 이처럼 상대를 악마화하는 이분법적 스펙트럼에 들어와 있다는 것이다. 불통으로 인한 온갖 문제가 구석구석 도처에서 갈등 폭발의 시한폭탄이 되었고, 일촉즉발의 위험이 가정에서 직장에서 사회에서 대놓고 도사리고 있다. 이러다 나라가 절단날 지경, 누군 이미 절단난 거 아니냐 하지만.

 기독교의 좋은 점도 많은데, 지나치게 근성 높은 우리 민족은 하필이면 '오징어게임'의 나라가 되었다. 여기에 종교도 한몫하고 있고. 서구의 단순 명쾌한 이분법에 매료되어, 순환론적 동양인의 사고도 버리고, 연민과 포용력의 공동체 의식도 버리고, 그 좋은 머리를 소모적인 비교 경쟁을 하는 데 탕진하고 있다.

 거기에 기독교는 타 종교보다 유리한 교리고, 그래서 이단의 종류도 많고 이단이 뿌리내릴 토양도 풍부한 대한민국. 믿음으로 부자 되는 교회 앞에서 베버의 프로테스탄트 윤리는 명함도 내밀지 못한다. 돈을 버는 능력을 주신 것도 하느님이니 그만큼 사회적 환원도 해야 하는데, 한국 사회 전체가 천민자본주의의 새 역사를 날마다 갱신 중이다.

 돈에 중독된 어리석은 자들, 어리석은데 부지런한 자들, 어리석고 부지런한데 머리는 또 좋은 자들, 그래서 유래를 찾기 힘든 성실한 사기꾼들이 많은 나라, 일명 사기 공화국.

 인간이 생존하는 데 반드시 필요한 주택으로 온 국민이 도박하는 과감한 민족성. 싸이의 '강남 스타일'에 이어 로제의 '아파트'가 전 세계 1위 찍는 기염을 토하는 화끈한 대한민국에서 종교는 이제 시대에 뒤처진 꼰대 문화처럼 보인다. 지금 당장 내게 돈을 내려주지 않는 종교는 허례허식이고 무익하다.

상황이 이런데 지금의 우리에게 순교 문제가 피부에 와닿을까. 더욱이 우리나라는 다종교 국가로 이토록 다양한 종교가 평화롭게 공존하는 나라도 드문데. 그러나 우리에게도 시간을 거슬러 올라가면 한국가톨릭 역사에 순교의 시기가 있었다.

현재의 삶을 잘 살고 싶어서 종교를 선택하고 수용했는데 그 종교가 나더러 죽으라고 한다면, '나'라면 어떻게 할까? 요한 묵시록은 박해를 피하지 말고 타협 대신 순교하라고 설득한다. 그럴 수 있는 이유는 이 세상의 삶이 다가 아니라고 믿기에, 그리고 순교에 대한 보상 약속을 확고하게 믿기에 가능하다.

그런데 바로 이런 보상에 대한 믿음이 맹목적인 신앙으로 이어지면 이단에 빠지는 결과를 낳는다. 지금 내가 받는 고통을 마지막 때에 다 보상받는 것은 물론, 나를 무시했던 사람들조차 "그들이 와서 네 발 앞에 엎드리게 하겠다."(묵시 3,9) 하니 통쾌한 복수까지 보장받는 것이다. 이러한 미래에 대한 약속이 현재를 희생하게 만드는 동기가 된다.

그래서 "네가 이렇게 미지근하여 뜨겁지도 않고 차지도 않으니, 나는 너를 입에서 뱉어버리겠다."(묵시 3,16)라는 말씀은 달콤한 약속을 넘어 무서운 협박으로 작용, 한번 이단에 빠진 사람들을 옥죄는 올가미로 악용된다. 이것이 요한 묵시록의 문제이기도 하다.

교회가 신도에게 무리한 요구를 할 때도 "내가 사랑하는 사람들을 나는 책망도 하고 징계도 한다. 그러므로 열성을 다하고 회개하여라."(묵시 3,19) 같은 구절이 순진한 신앙인들의 사고를 마비시켜버린다. 내가 지금 고통받는 것은 나의 죄를 회개하지 않아서 그렇다는 생각에 더 열심히 교회에 봉사하고 헌신하는 것이다.

보통 신앙인들은 이단에 빠진 사람들을 보면 이상하게 생각한다. 이단에 대체 왜 걸려들지? 아니 걸려드는 건 속아서 그랬다 치고, 알면 나와야 하는데 왜 나오지를 못하지? 그러나 우리가 이단이라고 하는 교단의 성립 근거도 모두 성경 말씀을 기반으로 한다는 걸 알아야 한다. 그리고 그들의 주된 전도 대상이 기존의 제도권 종교에서 상처받은 신자라는 것도 외면할 수 없는 현실이다.

지금의 우리 현대인들은 흔히 '이성'을 객관적이고 가치중립적인 개념이라고 오해하는데 이는 계몽주의자들의 환상, 즉 인간 중심적 사고가 사회를 정의롭게 할 거란 착각에 기인한다. 근대의 문을 열어젖힌 열쇠인 '자유'와 '평등'은 인간만이 오직 이성적 존재이며 이를 가능케 하는 건 인간의 사유 능력에 대한 절대적인 믿음에서 파생된 것이었다.

계몽주의 이후 수백 년이 지난 오늘날 우린 인간 이성과 지능이 최고치를 찍는 듯하다. 곧 화성도 갈 거 같고 AI(인공지능)의 상용화를 눈앞에 두고 있으니 인류가 기억하는 기록된 문명사에선 인간의 지적 발전이 정점에 이른 듯도 보인다.

그러나 이것도 절대화하면 결국 '믿음'이란 함정, 그러니까 '우상화'의 위험에 노출된다는 뫼비우스의 띠 같은 부작용이 있다. 죽을힘을 다해 가도 가도 인간의 굴레에서 빠져나가지 못하는 저주 같은 실존적 존재가 우리 인간 아닌가.

돌고 돌아 결국 마주하는 진실은 우리가 인간이기에 벗어날 수 없는 운명적 존재라는 것이다. 문명은 최고치를 연이어 갱신 중인데 지구는 그럴수록 전쟁, 자연재해, 전염병, 갈등, 불통 등등의 끝없는 위기 속으로 빠져드니 어쩌란 말이냐. 그렇다고 묵시록이 이 혼란의 시대에 대안이 될 수 있을까.

성경 전체에서 요한 묵시록만큼 천국에 해당하는 '새 하늘 새 땅'에 대해 세밀하게 묘사하고 있는 텍스트도 없다. 또한 그리스도인이어서 받는 박해로 인한 고통과 순교 후에 찾아올 보상을 이 책만큼 상세하게 다룬 것도 없다. 의인이 상을 받고 악인이 벌을 받는 인과응보의 세계란 점에서 묵시록은 응당 희망의 책이다.

그러나 모든 구원 계획의 일정과 완성이 오직 하느님의 시계에 달려 있다는 점이 미완의 인간인 우리를 괴롭힌다. 박해의 시기가 아니더라도 첨단과학 시대에 신앙인으로 살아간다는 건 다소 미개해 보이고 종종 우둔해 보이므로. 그래서 순교의 위험은 없어도 사회로부터 고립될 위험이 있다. 미국의 아미시 공동체처럼 문명을 거부하고 그들끼리 모여 사는 폐쇄적이고 배타적인 무리로 보일 위험.

교회에 청년이 왜 없을까. 이미 한국 사회에서 종교는 선진문명이 아닌 게 되었다. 전 세계에서 가장 치열한 경쟁사회를 태아 때부터 겪은 세대가 지금의 대한민국 2030이다. 그런데 어떻게 시대에 뒤떨어진 과거의 유물 같은 단체에 속할 수 있을까. 그렇지 않아도 경쟁에서 뒤처질까 봐 일상이 불안인 시대에서.

그래서 종교는 사라질까? 차라리 그러면 사회가 안전해질지 모르겠다. 그러나 문제는 종교 아닌 것도 종교가 될 만큼 모든 게 믿음의 영역으로 넘어와 버렸다는 것이다. 너도나도 기댈 데 없이 외롭고 적막한 개인들이라 각자의 광야에서 자기만의 단련 시간을 견디는 그런 고독한 사회, 1인 가구 고독사가 늘어나는 절실하게 외로운 시대.

고독한 미식가가 인기를 얻고 먹방 유튜버가 셀럽이 되는 현실에서 누군 광적으로 특정 연예인의 팬덤이 되고, 누군 비판 없이 특정 정치인이나 정당에 매몰되는 모습은 그 자체가 종교다. 맹신하고 맹종하는 주체성 없는 태도가 그동안 종교가 일으켜온 폐해였으니까.

누군가를 좋아하고 지지하는 마음은 선하고 긍정적인 에너지다. 그러나 거기까지만, 그 이상 넘어가면 위험하다. 그게 종교라면 인생을 망칠 정도로 위험하고, 종교가 아닌데도 종교의 모습을 띠고 있으면 사회를 망가뜨리기 때문에 더 위험하다. 지금의 우리 사회처럼.

무속은 미신이라며 점술은 점술대로 보고, 일상에서 징크스 역시 매우 잘 믿는다. 예를 들어, 시험 보는 날 미역국 먹으면 큰일 나는 줄 아는 한국인들이 많다. 그리고 유튜브의 유명 무당들은 높은 조회수로 인기를 누리고 있다.

이럴 바엔 무속을 비하하지 말고 무교로 인정하며 존중하는 게 합리적 태도다. 이미 제도권 종교 안에 들어온 무교 단체도 있다. 다만 무교는 특성상 하나의 교단 아래 모이기가 어렵다. 그래서 법적 보호를 받기도 쉽지 않다.

대한민국은 종교의 다양성을 인정하며 여러 종교가 평화롭게 공존하는 세계에서 보기 드문 나라다. 그런데 이런 복 받은 환경에서 특정 종교에 묶여 자유로운 사고를 반납한다면 너무 애석하고 애통할 일 아닐까. 예수는 진리가 우릴 자유롭게 한다고 했는데, 바로 그 종교 때문에 다른 종교를 공격하고 무시한다면 대체 진리가 우리에게 뭘 주는 걸까. 아니 그런 배타적인 교리가 진리일 순 있을까.

종교학에선 산 정상에 오르는 길이 다양하듯 여러 입구에서 출발해도 그 길이 정상을 향해 있다면 결국은 정상에서 만난다고 말한다. 어떤 길은 더 가파르고 어떤 길은 더 완만할 순 있다. 그래서 어떤 길은 정상에 더 빨리 오르고 어떤 길은 더 늦게 오른다. 그러나 우리가 포기하지만 않는다면 정상에 오르는 것이다.

여기서 이단의 정의는 사회적 합의 문제가 있어서 한마디로 정의할 순 없다. 다만 내가 종교로 인해 자유롭지 못하다면 의심해봐야 한다. 사고를 억누르고 세상의 모든 길이 오직 하나의 길밖에 없다고 강요하는 곳이라면 그런 게 진리일 수 있을까.

그러나 이 광야에서의 외로움에 사무친 현대인들은 뭐든 붙잡고 경배하는 본격 우상화의 시대를 열어버렸다. 지금처럼 종교가 해야 할 일이 많은 시대도 없는데 종교마저 우상화의 바다에 빠져 출렁거리고 있다.

본질이 아닌 껍데기, 내 안에 성전 있는데 자꾸 밖에서 경배 대상을 찾는다. 그게 돈이고 명예고 권력이고 인기고, 남이 나를 어떻게 보는지, 남한테 내가 어떻게 보이고 싶은지, 속이 텅 빈 마트로시카 인형 같은 사람들이 있다. 인형 속의 인형, 인형 속의 또 인형, 뭔가 알맹이가 있겠지 싶어서 계속 열어봐도 마지막 새끼 인형까지 속이 비어 있는 사람.

그걸 누구는 좀비에 비유하기도 한다. 그만큼 영혼 없이 우르르 떼로 몰려다니며 눈앞의 영혼이 있는 사람들을 무조건 물어뜯고 보는 본성만 남은 비인격체. 그래서 우리가 보게 될 마지막 때엔 좀비 떼가 출몰할 거란 주장도 있다.

예지몽이든 영적 각성이든 이런 초월적 현상에 친숙하지 않은 사람들도 지금의 우리 시대가 대전환기란 느낌 정도는 갖는다. 지금껏 인류사에 없었던 AI 시대가 본격화되었고, 기존의 규범은 무너졌는데 새 규범은 형성되지 않은 가치 혼란의 아노미 상태에, 경제 위기로 인한 각국의 전쟁 신호와 자연재해 및 기후변화 등등.

인간의 생존을 위협하는 예사롭지 않은 징후들이 도처에서 발견되는 중이니까. 그리고 무엇보다 두려운 건 같은 언어를 사용하는 사람들끼리도 전혀 소통되지 않는 현실, 작금의 우리 사회가 겪고 있는 이 잔혹함은 바벨탑 붕괴 사건의 교훈을 소환한다.

대화가 되지 않을 때의 결말은 공동체 해체, 그 외 다른 방법이 있던가. 그래서도 종교는 사라질 수가 없다. 의지할 데가 없는데 어쩔, 그래서 종교 아닌 것까지 모두 종교가 되고 있는데. 아무것도 아닌 껍데기 우상 앞에서 정신줄 놓고 무지성으로 숭배하는 믿음의 시대.

이런 시대에 신앙인으로 산다는 건 쉽지 않다. 그래서 좁은 길이다. 그러나 좁은 길이기에 그 길에서 만나는 사람들과 더 가깝게 더 따뜻하게 서로 의지할 수 있는 거 아닌지, 그리고 좁은 길이기에 오히려 그 길에서 방향을 잃지 않고 나아갈 수 있는 거 아닌지.

04 성경은 어떻게 읽을까?

묵시문학의 특징

우리에게 묵시록 하면 자연스럽게 요한 묵시록을 떠올린다. 우리가 아는 묵시록이 요한 묵시록밖에 없어서. 그러나 묵시록은 다양하고 구약 시대에도 쓰였고 신약 시대에도 쓰였다. 묵시록 서사엔 환상을 보는 이야기가 나오는데 이를 특징 삼아 장르상 묵시문학으로도 불린다.

알려진 것만으로도 구약에선 다니엘서, 바룩서, 에녹서, 에즈라 4서 등이 있고, 신약에선 헤르마스의 목자(2세기 중엽), 베드로 묵시록(2세기), 바오로 묵시록(3세기 초), 이사야 승천기(2세기), 도마 묵시록(5세기 이전) 등이 있다. 이중 다니엘서는 성경에 수록되었고 나머지는 외경에 해당한다.

이처럼 다양한 버전의 묵시록 존재는 그만큼 유대인들에게 묵시문학이 인기가 있었다는 방증이다. 묵시록 연구자인 하인리히 크라프트는 요한 묵시록, 특히 4장을 공동체 모임의 낭독용 문체로 쓰였다고 설명한다. 그 말은 묵시록이 대중에게 알려지지 않은 비밀의 책이 아니라 함께 모여서 낭송할 만큼 친숙한 책이란 얘기다.

그렇다면 이처럼 당대 그리스도교인들에게 낯익은 책이 어떻게 오늘날의 우리에겐 무섭고 이해 안 되는 낯선 책이 되었을까.

우리가 삼겹살을 먹으면서 깐마늘을 상대에게 넘기며 농담 삼아 "마늘 먹고 인간 돼라."라고 말했다면 한국인들은 그 상황을 어떻게 받아들일까? 우리끼리는 단군신화의 곰이 마늘과 쑥을 먹고 인간이 되었다는 이야기를 우리 사회가 어린 시절부터 친숙하게 공유하고 있기에 오해할 일이 없다.

그런데 이 일화가 긴 시간을 흘러 흘러 이방의 땅에 도착해서 외국인들에게 읽힌다면 제대로 해석이 될까?

왜 하필 마늘인지, 깐마늘만 해당하는지, 드라큘라를 내쫓는 서구의 마늘과 같은지 다른지, 그리고 또 왜 하필 삼겹살 먹을 때인지, 소고기는 안 되는지, 다른 부위의 돼지고기는 괜찮은지, 이에 더해 진짜 마늘 먹으면 인간이 될 수 있는지, 여기서 마늘과 인간은 비유인지 사실인지 등 그 해석의 스펙트럼이 무궁무진해질 수밖에 없다.

왜냐, 단군신화를 모르기 때문에. 그리고 한국인들이 평소 삼겹살을 즐겨 먹는다는 사실을 모르기 때문에 온갖 종류의 별의별 해석이 난무해지는 것이다. 이와 같은 현상이 요한 묵시록에도 일어나고 있다면?

묵시문학의 대표로 꼽히는 '다니엘서'는 기원전 165-164년 안티오코스 4세 때 작성되었는데 이때 희랍화 정책이 강화되면서 민족성 강한 유대교가 박해의 대상이 되었다. 그런데 막상 이야기의 배경은 기원전 587-538년으로 바빌론 유배 시절이다. 그만큼 유대민족에게 바빌론 유배의 기억은 강렬하고 선명한 것이었다.

억지로 끌려갔든 제 발로 따라갔든 선진문명을 자랑하는 강대국 바빌론 문화에 영향을 받지 않을 수 없었다. 그래서 요한 묵시록에서도 바빌론을 탕녀라 칭하며 로마를 가리켜 바빌론에 비유한다. 유대인들에게 '바빌론'이 얼마나 뼈에 사무친 이름인지 알 수 있는 대목이다.

성서에 등장하는 '바벨탑'도 바빌론 도성에 있는 성전에서 그 이름이 유래할 정도다. 다시 말해 이 세상은 악이 지배하는 사탄의 세계인데 그게 당대엔 로마였고, 더 이전 과거엔 바빌론이었던 것.

아무리 강성한 바빌론이라도 결국은 망했듯 로마도 망할 거란 예언이 묵시적 종말론의 세계관이다. 비록 예언의 형식을 띠고 있지만 세상만사 흥망성쇠의 고리에서 벗어나지 못하는 게 당연지사. 그런 자연의 이치를 안다 해도 한 인간의 삶은 한정적이고 당장 내가 힘든데 흥망성쇠 같은 원리가 무슨 위로가 될까.

내가 망하고 쇠하는 시대에 속해 있으면 절망적일 수밖에. 그래서 외부의 구원이 간절해진다. 마지막 때가 언제인지 몰라도 그때는 구원받을 수 있다는 희망의 세계관, 비록 당장 여기가 아니고 새 하늘 새 땅에서지만 위로와 보상의 미래가 기다리기에 지금의 고통을 감수할 용기가 생긴다.

이처럼 묵시록은 약소국의 백성인 유대인들이 강대국의 지배 아래서 자신들의 정체성을 지키기 위한 힘겨운 노력이었고 최후의 동아줄이었다. 유대인들의 문화와 전통과 관습을 지키기 위한 몸부림, 그것이 유다적 세계관의 종말을 견디는 구원관인 것이다.

이러한 묵시문학의 특징에 더해 요한 묵시록은 서간문의 형태를 취하고 있다. 묵시록의 목적이 일곱 교회에 지금의 환난을 참고 견디라는 위로와 경고를 하기 위함이라서. 그래서 요한 묵시록은 구약과 신약의 특성을 모두 갖고 있다. 유다이즘이면서 보편적 구원을 지향하고, 하느님만이 주님이 아니라 어린양도 주님으로 등장해 하느님과 동급의 존재인 예수 그리스도가 구원의 주체로 부각된다.

오른쪽 그림은 요한 묵시록의 특성을 구약과 신약의 대표적 책들과 비교한 것이다.

이 세상은 모두 창조주에 의해 만들어진 피조물들뿐이니 나를 살리시는 존재도 주님, 나를 죽이시는 존재도 주님, 그래서 욥은 생명만 빼고 가진 것 전부를 사탄에게 빼앗길 때도 자신이 할 수 있는 일이

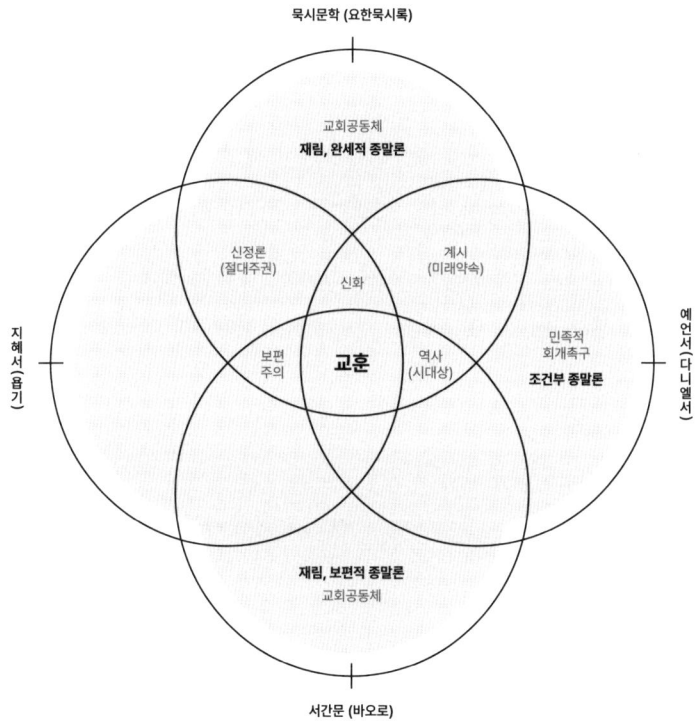

없음을 탄식한다.

> **하느님께서는 나를 악당에게 넘기시고
> 악인들의 손에다 내던지셨네.**
>
> (욥기 16장 11절)

지금 자신이 당하는 고통과 비참함이 자신이 그토록 믿고 의지하던 주 하느님의 승인 아래 행해졌다는 인식, 이게 인간으로서 얼마나 견디기 어려운 일이었을까. 자신을 이렇게 하찮게 취급하는 존재에 대한 절대 순종, 이런 상황을 우리 현대인들은 어떻게 이해해야 할까.

> **내 친구들이 나를 빈정거려도 나는
> 하느님을 향하여 눈물짓는다네.**
>
> (욥기 16장 20절)

절망의 끝에서 그래도 바라볼 대상이 하느님밖에 없다는 거, 욥이 죽을 만큼 괴로움을 겪으며 이른 결론이다. 이런 젠장, 배알도 없나.

> 저는 알았습니다. 당신께서는 모든 것을 하실 수 있음을, 당신께는 어떠한 계획도 불가능하지 않음을!
>
> (욥기 42장 2절)

　이것이 신정론이다. 신정론은 하느님의 절대주권을 인정하고 이에 순응한다. 이런 신정론적 세계관이 묵시록에도 고스란히 나타나 있다. 그리스도교인을 향한 박해를 허락하신 분도, 박해의 기간을 정하신 분도, 그로 인한 구원을 약속하고 이행하시는 분도 오직 하느님이시다.

　다만 신약의 특성상 하느님과 동일 존재인 어린양 예수 그리스도가 전면 등장할 뿐 고난과 구원의 기획 전체가 주님의 손에 달려 있다. 그래서 주님의 계획이 진행되는 과정을 그리스도인들은 인내하며 기다려야 한다. 왜?

　우리가 살면서 인생이 내 뜻대로 되던가? 그럴 리가, 그랬다면 종교는 없었다. 불의가 정의를 짓밟는 데도 인과응보가 당장 눈앞에 나타나지 않고, 강약약강의 갑질이 수시로 발견돼도 내 힘으로 어찌할 수 없다. 그렇게 나이 들수록 우린 점점 불공정에 익숙해지고 불평등에 무력해진다.

　그러나 우린 살아야 한다. 그것도 잘 살아야 한다. 지금의 결과에서 원인을 파악해야 하고 더 나은 내일을 위해 오늘에 최선을 다해야 한다. 그러려면 지금의 불행이 꼭 내 잘못이 아니어도 수용하고 인내해야 한다. 그래야만 상처에서 털고 일어나 앞으로 나갈 힘이 생긴다. 그러다 보면 늦게라고 보상이 찾아온다.

욥의 이야기에서 우리가 배울 점은 이런 게 아닐까. 세상은 공평하지도 공정하지도 않지만 이런 환경을 이겨내는 것도 내가 살아가는 이유 중 하나라는 거, 눈앞의 장벽을 뚫고 시간을 내 편으로 만들 때 나는 진짜 행복해질 수 있다는 믿음을 잃지 않는 거.

반면 요한 묵시록을 성서의 내용 그대로 미래에 대한 예언이라고 보는 쪽에선 구약의 예언서와 유사하게 생각한다. 그러나 성경 목차 분류상 예언서에 속하는 다니엘서도 성서신학에서 보면 묵시문학에 속한다.

환시 부분이 상상력의 영역이라 문학 장르에 속하고, 이는 노스트라다무스의 예언처럼 미리 앞날을 내다보고 쓴 책이 아니라서다. 쓰인 시기도 바빌론 유배라는 역사적 사건이 지난 후에 훗날 예언의 형식을 빌려 기록됐기 때문이다.

둘 다 유대민족의 신화와 교훈이 있고 강대국의 지배에서 벗어나고자 하는 시대적 열망이 있다는 점에서 유사하다. 그러나 다니엘서가 이스라엘 백성만을 구원의 대상으로 삼았다면 요한 묵시록은 유대 민족에 국한되지 않고 하느님의 말씀대로 살아가는 의인이면 누구나 구원의 대상이란 차이가 있다. 즉, 구약의 세계관이 민족 중심이라면 신약의 세계관은 교회 중심이란 얘기다.

여기서 구원관이 특수성에서 보편성으로 확장되고 요한 묵시록의 세계관이 구약에서 신약으로 유대교에서 그리스도교로 진화하는 과정이 드러난다. 창세기에선 "세상의 모든 종족들이 너를 통하여 복을 받"(창세 12,3)지만, 묵시록에선 "모든 종족과 언어와 백성과 민족(묵시 5,9)이 직접적인 구원의 대상이 되는 것이다. 민족종교인 유대교와 세계종교인 그리스도교가 구별되는 장면이다.

믿음의 조상 아브라함을 전 세계적으로 유명하게 만든 건 유대교가 아니라 그리스도교이다. 그리스도교가 세계를 지배하게 되면서 지금은 아브라함의 종교에 유대교, 그리스도교, 이슬람교가 모두 한 뿌리라는 사실을 알게 됐다. 조상이 같다는 것.

아브라함과 사라의 아들 이삭을 계보로 하면 유대교, 아브라함과 하갈의 아들 이스마엘을 계보로 하면 이슬람교이다. 그리고 예수를 메시아로 인정하면 그리스도교, 예수를 이단의 우두머리로 취급하면 유대교, 예수가 알라신의 선지자이긴 하나 무함마드보단 한 급 아래라 여기면 이슬람교, 이렇게 구분된다. 성모 마리아의 존재도 이슬람교는 그리스도교와 마찬가지로 동정녀 잉태를 인정한다.

원래 그렇지 않은가, 가까이 있어야 미움도 쌓이고 서로 너무 잘 아니까 더 혐오하게 되는 게 인간 심리다. 우리가 중국이나 일본과 지리적으로 가까워서 역사적으로 얽혀 있고, 문화적으로 겹치면서도 국민성에 차이가 있는 것, 그래서 서로 좋아하지 않는 속사정과 유사하다.

한편 신약의 다른 책들과 비교해보면 요한 묵시록의 구원관은 유대적 세계관이 강해서 대단히 이질적으로 느껴진다. 예수님의 재림을 기다리며 교회공동체를 구원의 대상으로 믿는 것은 같으나 종말에 있어선 관점 차이가 뚜렷하다.

요한 묵시록의 새 예루살렘은 더 이상의 보완이 필요 없는 완성된 세상으로 과거를 완벽하게 청산한 새 하늘 새 땅이다. 반면 신약의 책들엔 천국의 구체적인 모습이 진술되어 있지 않다. 율법의 완성자로 예수님이 이 땅에 오셨다(마태 5,17)는 인식은, 보이는 물질 외의 세상에 더 주목하게 만든다.

이는 온갖 화려한 보석으로 만들어진 묵시록의 새 예루살렘 외관과 대비되는 부분이다. 내가 하느님의 성전이고 하느님의 영이 내 안에 있다(1코린 3,16)는 신약의 말은 자기 완성 곧 내면 중시의 구원관을 지향한다. 그도 그럴 것이 구원의 시기가 자꾸 유예되기 때문이다.

66

사실 우리가 여러분에게 우리 주 예수 그리스도의 권능과 재림을 알려 줄 때, 교묘하게 꾸며 낸 신화를 따라 한 것이 아닙니다. 그분의 위대함을 목격한 자로서 그러한 것입니다.

(베드로 둘째 서간 1장 16절)

이런 성경 구절은 당시 그리스도인들이 예수님의 재림을 기다리다 지쳐서 점차 의심하는 사람도 생겼고, 주변인들에게 손가락질도 받았다는 방증이다. 굳이 '꾸며 낸 신화'가 아니라 항변하고 '목격자'로서 증언하니 말이다. 당시 그리스도인들의 조급한 분위기를 엿볼 수 있는 장면이다.

누구 하나 재림의 시기를 정확히 아는 사람도 없었고, 그 시기가 점점 늦어지는 것이 당면한 현실이었으니까. 그래서 왜 재림이 늦어지는지에 대한 해석도 나온다.

> 어떤 이들은 미루신다고 생각하지만 주님께서는 약속을 미루지 않으십니다. 오히려 여러분을 위하여 참고 기다리시는 것입니다. 아무도 멸망하지 않고 모두 회개하기를 바라시기 때문입니다.
>
> 그러나 주님의 날은 도둑처럼 올 것입니다. 그날에 하늘은 요란한 소리를 내며 사라지고 원소들은 불에 타 스러지며, 땅과 그 안에서 이루어진 모든 것이 드러날 것입니다.
>
> (베드로 둘째 서간 3장 9-10절)

주님이 모든 사람의 회개를 기다리시기에 마지막 때가 늦어진다는 설명이다. 그날이 언제인지 아무도 모르기에 '도둑처럼 올 주님의 날'이지만 일단 그날이 오면 '하늘'과 '땅'이 엄청 소란해진다. 심판이 진행되기 때문에.

당시 그리스도인들은 유예되고 있는 재림으로 인해 불안했을 것이다. 그러니 신도들에게 보다 확실한 상과 벌이 제시되어야 했다. 그래서 묵시록엔 우상 숭배하지 않은 순교자와 의인에겐 영원한 생명을 보장해주고, 우상숭배를 했거나 하라고 독려한 사람들은 확실하게 심판받는다.

일곱 번의 봉인을 뗄 때마다, 일곱 번의 나팔을 불 때마다, 일곱 번의 대접이 쏟아질 때마다 심판이 이뤄지고, 거기에 마지막 심판도 다시 이뤄진다.

이처럼 심판 이야기가 많은 이유는 나의 힘은 미약하지만 나를 억울하게 만든 사람을 벌주시는 하느님은 우주 최강의 절대자시기에, 그것이 현재의 어려움을 견디게 하는 힘이 된다. 그리고 그런 믿음이 극복하기 어려운 고난을 이기게 하는 것이다.

그런데 삶이란 게 이렇게 힘들어야만 하는 걸까, 묵시록은 그렇다고 한다. 사탄과 사탄의 숭배자들과 사탄에게 휘둘리는 사람들로 인해 마음의 심지를 갖고 사는 게 어려우니, 어려우면 어려운 대로 너무 이기려고 말고 절대 강자인 하느님에게 맡기라는 것.

욥이 그랬던 것처럼 고통의 기간도 보상의 시기도 모두 주님의 소관이시니 그냥 믿고 인내하라고, 그러면 산 자에겐 영생을, 죽은 자에겐 부활을 보상으로 주시겠다고. 개인의 운명이 소속 공동체의 운명에 달렸을 때 각자의 선택권은 넓지 않다. 소속 집단을 나오거나 소속 집단에 남거나.

묵시록의 이러한 극단적 구원관은 맹목적인 신앙을 부추기기 쉽고, 이는 이단에서 사용하기 편리한 교리로 이용된다. 우리가 살아가는 현재의 시간이 어렵고 힘들수록 세상은 사탄의 손아귀에 들어간 것만 같다. 미래가 암울하다고 느끼는 사람이 많을수록 종말을 바라는 사회가 된다. 계시록으로 신도 수를 늘리는 우리나라처럼. 대체 우리나라는 얼마나 살기가 쉽지 않기에 이단이 이리도 흥하는지.

유명한 신약 신학자 루크 티모시 존슨은 요한 묵시록에 대해 "모든 문헌 가운데 요한 묵시록만큼 그 책을 읽은 사람들을 사로잡고, 재앙의 결과를 불러일으킨 책도 없었다. 요한 묵시록 해석사는 대부분 비극으로 끝나는 그릇된 해석의 이야기다. 이런 그릇된 해석은 애초에 이 작품의 문학 양식과 목적을 잘못 이해한 데서 생겨났다."라고 말한다. 매우 타당한 비판이다.

그동안 요한 묵시록은 문학 양식과 목적에서 단단히 오해받아 왔다. 그만큼 묵시록 연구가 활발하지 않았으며, 아울러 학계에서는 연구 성과가 있었다고 해도 대중들에게 제대로 전달하지 않았음을 증명하는 것이다. 또는 신학교에서 제대로 배운 내용도 목회 현장에선 설파하지 못하는 대한민국 현실도 묵시록을 봉인된 책으로 만들었다.

이에 대해 묵시문학의 대가 존 J. 콜린스도 "성서학계가 묵시문학의 기본적인 본문들에 올바로 주의를 기울이지 않았으며 그 본문들을 무시하거나 배제해 왔다."라고 지적한다. 이는 우리나라를 포함해서 묵시록에 대한 관심을 이단과의 연계로 보고 터부시했던 탓이다.

이런 배타적 무시는 결과적으로 묵시록에 대한 호기심을 음지에서 활성화시켜 잘못된 해석조차 열광하게 만들었다. 그래서 종말론을 내세우는 교단들이 사회적 물의를 일으킬 때마다 이론적 배경이 되는 요한 묵시록을 더 이상 외면할 수 없는 게 우리 현실이다.

따라서 요한 묵시록의 학문적 가치는 신앙인들의 실제 생활과 직결된다는 데 그 신학적 의의가 증폭한다. 신학의 학문적 의의가 실천신앙에서 그 가치를 발휘한다고 했을 때 사실상 요한 묵시록만큼 그 비중이 큰 것도 드물다. 구체적인 형태의 천국과 지옥도가 제시되어 있고 종말 이미지가 전부 묵시록에서 나온 것이므로.

그래서 루돌프 불트만은 "예수의 메시지는 주로 '묵시문학적' 작품에 의해 입증되는 희망과 연결되어 있다."라고 했다. 이런 태도는 오늘날 종말론의 의미에 대해 다시 한번 숙고해 볼 것을 우리에게 권유한다.

달리 말해 성경의 현재성을 이해하고 그리스도의 보편적 가치를 이해하기 위해서는 무엇보다 먼저 책이 기록된 당대의 사람들과 소통할 수 있어야 한다는 말이다.

한국인들이 지금의 중국은 싫어라 하지만 과거 중국문화 중 삼국지 팬들은 여전히 많다. 책은 물론 영화와 게임까지 즐겨 탐닉한다. 일상에서도 삼국지 속 인물들을 자주 인용하면서 인간관계와 전략에 관한 교과서처럼 생각한다. 이때 삼국지를 제대로 이해하려면 시대상과 역사적 사건을 알아야 하듯 묵시록도 마찬가지다.

너무나 당연한 일인데도 그간 교회와 성경의 권위에 눌려 신자 개인 스스로 읽을 생각조차 못 하기도 했고, 독자 중심의 책 읽기가 성서에서 금지된 시기도 있었다. 더욱이 지금의 우리 시점에서 묵시록을 읽으면 이해하기도 어렵다.

1세기 무렵 로마 제국의 지배를 받았던 소아시아 일곱 교회 교인들의 시점에서 읽어야 비로소 오늘날의 우리에게도 그 메시지가 정확히 전달되기 때문이다. 포장지를 벗겨야 안의 내용물을 볼 수 있는데 포장지 자체를 내용물이라 우기면 어쩔.

오늘날 우리나라에서 단군신화를 이용한 모티프로 현시대 상황에 필요한 이야기를 만든다면, 굳이 등장인물이나 주요 사건에 대해 상세히 설명하지 않을 것이다. 이미 우리나라 독자에게는 곰이나 호랑이, 쑥이나 마늘이 이야기의 전달을 방해하는 요소가 되지 않기에.

오히려 기존 이미지에 대해 공동체가 합의하고 있는 해석이 있어서 공동체에 소속된 다수에게 전달하는 데 새로운 캐릭터보다 훨씬 유리하다.

특히나 그것이 공동체를 박해하는 로마의 지배층을 피해야 하는 상황이라면 지극히 당연한 서술방식이 될 것이다. 그렇게 로마의 눈을 피하면서 그리스도교인들에게 구원의 희망을 전하는 방식으로 묵시문학 형태를 취했다고 하겠다.

유대인 특유의 희망관, 그러니까 절망이 깊을수록 영광도 크다는 묵시록적 세계관이 간절했던 시절에 웬 비밀의 책? 그럴 리가 있는가. 희망의 메시지를 널리 알리고 공유해야 위로가 되고 힘이 될 텐데. 서로 연대의 손을 잡고 어깨를 기대야 하는 위기의 순간에.

그런데도 묵시록을 비밀에 부치기 위해 봉인된 책이라 생각하여 계시받은 자만 해석할 수 있다고 하면 그처럼 한심한 일도 없을 것이다. 묵시록은 그때나 지금이나 열려 있는 책이며 그 어떤 책보다도 친절하게, 마치 수험서 해석만큼이나 명쾌히 비유와 상징을 설명해주고 있다.

흔히들 사랑에 빠지면 콩깍지가 쓰인다고 한다. 상대의 단점도 장점으로 보이고 멀리서도 연인만 눈에 들어온다. 문제는 콩깍지가 평생 가면 괜찮은데 이게 또 생각보다 쉽게 벗겨진다는 것. 그래서 정신 차리고 나면 자신의 과거 행적이 떠올라서 가슴을 치며 후회한다. 현명한 사랑에 객관적 거리 유지가 필요한 이유다.

신앙도 마찬가지다. 처음 진리를 만났다고 생각하면 당장 인생이 바뀔 거 같고, 나의 힘들었던 과거가 미화되고, 앞으로 남은 날들이 아름답게만 느껴진다. 그러나 시간이 흐르고 콩깍지가 벗겨지면 자신의 맹목적인 과거가 수치스럽고 주변 사람들 보기가 부끄러워서 죽고만 싶은 시간이 찾아온다.

그나마 이건 당면한 문제를 정면으로 마주했을 때고, 그럴 용기조차 없는 사람은 인지부조화의 상태로 살아간다. 종말은 곧 와, 잠시 유예돼도 우리 교회 교리가 옳아, 그러면서 일어나는 모든 부조리한 상황을 합리화한다. 인간은 그리 강인한 존재가 아니라서.

종교가 이렇게 무섭다. 한 사람의 인생을 완전히 뒤집어놓을 수 있다. 물론 이 역시 자신의 선택이니 자기 인생을 스스로 책임져야 하는 것도 맞다. 그러나 피해자를 줄일 수 있다면 줄이는 것도 사회적 책임이고 공동체의 역할이다.

그리고 개인 한 사람의 인간은 그리 현명한 존재가 아니다. 그러나 집단지성은 우릴 더 나은 사람이 되게 한다. 이런 점에서 종교가 반사회적이라면 일단 의심해보아야 한다. 종교는 제도이고 제도는 문화이며 문화는 시대적 영향을 받기에 시민으로서의 '나'와 종교인으로서의 '나'가 충돌한다면 그건 생각해볼 일이다.

묵시문학은 바로 그 지점에 있다. 신앙과 삶이 일치된 사람들이 자신의 정체성을 잃지 않기 위해 선택한 방향, 그건 교회공동체 안에서 교인들과 운명을 함께하는 것이었다. 종교가 곧 살아가는 이유이며 존재의 전부인 삶.

오늘날 우리가 이해하긴 어렵다. 우린 종교의 자유가 보장되는 민주주의 사회에서 살고 있기에, 종교 때문에 목숨을 잃어야 하는 상황을 굳이 상상하고 싶지 않다. 종교는 현재의 삶을 더 잘 살려고 필요한 거니까.

그러나 조선 시대 가톨릭 신자들은 베드로와 시몬이란 세례명으로 양반과 백정이 평등할 수 있었고, 이는 사회 제도와 종교가 충돌하는 사건이었다. 기꺼이 죽음과 맞바꿀 수 있는 자기 정체성의 획득, 천국엔 신분제도가 없다!

양반 상놈의 구분이 없다는 사실만으로도 종교는 충분히 희망적이었고, 신앙은 넘치도록 충만했을 것이다. 순교로 인해 평생의 한을 풀 수 있다면 목숨과 바꾼 명예가 나쁜 선택만은 아닐지도.

05 비유와 상징

혼인 잔치, 새 예루살렘

묵시록엔 비유와 상징이 진짜 많다. 그래서 이단의 대명사가 된 신천지 성경센터에선 비유 풀이부터 강의가 진행되는데, 여기서 수강생들 다수가 성경 공부에 빠져든다. 그만큼 신자들에게 해석이 안 되는 성서 내용이 많았다는 얘기고, 이건 기존 교회에 원인이 있다.

일단 기존 교회에서 성경 해석을 권위에 의존하다 보니 오늘날의 현실과 맞지 않다는 게 문제다. 또한 신학교에서 성서 비평을 배울 때는 독자 비평, 서사 비평, 역사 비평 등등을 다 배우면서도 막상 목회 현장에선 이를 활용하지 못하는 것도 문제다.

현재 교회에 남아 있는 교인들은 지적인 해석을 원하지 않고, 이를 원하는 신자들은 벌써 교회를 떠났다. 한국 사회가 고령사회라면 교회는 초고령사회라는 것. 개신교는 개별교회라 교회 사정이 각각 다를 수 있으나 가톨릭은 60대면 청년이라고 자조한다. 사정이 이러니 교회 스스로 개혁을 주도한다는 게 갈수록 어려운 일이다.

이 역시 이단이 부흥하는 원인 중 하나다. 마음 둘 데 없는 청년들이 친절하고 다정하며 꿈 같은 비전, 알고 보면 진짜 꿈인데도, 그것도 허망하고 실체 없는, 그런 희망마저 없다면 현실을 버티기 힘들어 이단으로 빨려간다. 오호 통재라!

그러니 비유와 상징이 성서에 얼마나 많이 사용되었는지, 그리고 어떻게 활용되었는지를 알아야 한다. 알아야 걸러 들을 수 있으니까, 흘릴 거 흘리고 새길 거 새기려면 나한테 충분한 정보와 지식이 있어야 하기에. 더하여 알면 재밌고 모르면 당하기에.

비유와 상징은 비슷하면서 다르다. 비유는 '천사처럼 착한 동생'처럼 다른 대상에 빗대는 것으로 사회적 공감대가 있으면 '내 동생은 천사야.' 이렇게 말해도 의미 전달에 오해가 없을 때 사용한다.

그에 비해 상징은 '십자가'가 예수님의 십자가 처형을 통해 중범죄자 극형이란 기존 개념 대신 현재 우리에게 '희생, 헌신'을 뜻하는 것처럼 새로운 의미가 부여되는 것이다. 태극기를 보면 대한민국이 떠오르는 건 태극기가 대한민국을 상징하기 때문이다.

이런 비유와 상징이 성서 곳곳에 쓰여 있다 보니 유대인의 문화와 관습에 낯선 우리에게 성서가 잘 안 읽히는 게 당연하다. 특히 우리나라는 세대 차이, 성별 차이, 지역 차이, 진영 차이 등도 유독 심한데 이런 사회에서 2000년 전 기록된 책을 어떻게 제대로 읽을 수 있을까.

보편성을 지향하려면 먼저 특수성을 이해해야 하고, 상대주의를 이해하려면 먼저 상대를 알아야 비로소 가능한 것이다. 그러나 갈등 심한 사회는 상대를 알기 전에 그냥 규정해버린다. 너는 악마야, 너는 마녀야, 이런 식으로.

그런데 성경이 가진 권위가 너무 높다 보니 내 맘대로 해석해도 되나 싶은 두려움에 멀리하고, 멀리하다 보니 점점 멀어지고, 그렇게 멀어지다 보니 잘 모르게 되고 만다. 그러니 이단에 휩쓸려 들어가는 것만 염려치 말고 성서를 어떻게 읽을 것인지 교인 각자의 정보와 지식이 필요하다.

그래야 내 안의 성전에 주님 말고 다른 이상한 존재가 들어오지 않으니까. 기껏 나를 잘 비워 내 안의 성전 청소 잘해놨더니 이상한 것들이 들어와 자리 잡고 눕는다면? 나는 그럴 리 없다고? 방심하지 마라, 우리 주변에 자아 뺏긴 좀비 신앙인들 널렸다.

그럼 좀비 신앙인 감별법은? 스스로 판단할 수 있는지, 자기 결정권이 가능한지. 이를 위해 성서 제대로 읽기는 종교를 인문학으로 이해하는 데도 필수고, 자기 신앙을 지키는 데도 필수다. 왜냐, 성경 읽기를 잘못하면 좀비 신앙인이 될 수 있으니까.

일단 빈도수 높은 요한 묵시록의 비유와 상징 중 특히 중요한 비유는 '혼인 잔치'이고, 특히 중요한 상징은 '새 예루살렘'이다.

먼저 '혼인 잔치'는 구약과 신약을 넘나들며 자주 사용되는 인기 많은 비유이다. 잔치 중 가장 흥성스러운, 잔치다운 잔치가 혼인 잔치 기도 하고, 이스라엘 백성을 야훼가 '아내'라 부르는 것이 구약의 관습이기도 하다.

> 다시는 네가 '소박맞은 여인'이라, 다시는 네 땅이 '버림받은 여인'이라 일컬어지지 않으리라. 오히려 너는 '내 마음에 드는 여인'이라, 너의 땅은 '혼인한 여인'이라 불리리니 주님께서 너를 마음에 들어 하시고 네 땅을 아내로 맞아들이실 것이기 때문이다.
>
> 정녕 총각이 처녀와 혼인하듯 너를 지으신 분께서 너와 혼인하고 신랑이 신부로 말미암아 기뻐하듯 너의 하느님께서는 너로 말미암아 기뻐하시리라.
>
> (이사야서 62장 4-5절)

이사야서에서 보면 이스라엘은 하느님과 '혼인한 여인'이며 '아내'이고 '신부'와 같은 기쁨의 존재이다. 이스라엘은 하느님을 주님으로 받아들이면서 더 이상 '소박맞은 여인'도 '버림받은 여인'도 아니게 된다.

이는 강대국 사이에서 여기저기 치이는 식민지 이스라엘이 선택한 생존 전략이었다. '하느님'처럼 든든한 남편을 두는 일은 전쟁에서 패한 약자의 절망감을 이겨내는 유일한 희망이고 비전일 수 있으니까.

그러나 다신교 풍토에서 최고신이라면 몰라도 유일신 사상을 백성들 전부가 받아들이기는 어려웠다. 예나 지금이나 인간에게 가장 필요한 신은 잘 먹고 잘살게 해주는 신 아닌가, 그러니 풍요의 신인 바알이 얼마나 인기가 있었을까.

가나안 땅에서 바알의 인기는 꺾을 수가 없었다. 그래서 예언서마다 바알의 이름이 등장한다.

> 나는 바알들의 축제일 때문에 그 여자를 벌하리라.
> 그 여자는 바알들에게 분향하고 귀걸이와 목걸이로 단장한 채 애인들을 쫓아갔다. 그러면서 나를 잊어버렸다. 주님의 말씀이다.
>
> 그러나 이제 나는 그 여자를 달래어 광야로 데리고 가서 다정히 말하리라.
>
> (호세아서 2장 15-16절)

이처럼 바알의 인기는 식지 않았고 그로 인한 이스라엘 백성들에게 보내는 주님의 경고도 계속되었다. 그리고 호세아서에서는 '나를 잊어버'린 이스라엘을 '달래어 광야로 데리고 가'신다. 마치 바람난 아내가 그래도 돌아오길 바라는 미련한 남편처럼 돌아선 마음을 달래려고 애쓰신다.

우리나라에서도 '부부는 일심동체'라는 말이 있다. 부부가 된다는 것, 혼인으로 하나가 된다는 것의 의미는 동서양을 넘어 인지상정의 보편성을 띠는 일이다. 그런 맥락에서 혼인 비유는 우리에게도 친숙한 개념이다. 그렇게 하느님과 백성 간의 관계가 어린양과 그리스도인의 관계로 이어진다.

> "기뻐하고 즐거워하며 하느님께 영광을 드리자. 어린양의 혼인날이 되어 그분의 신부는 몸단장을 끝냈다.
>
> 그 신부는 빛나고 깨끗한 고운 아마포 옷을 입는 특권을 받았다." 고운 아마포 옷은 성도들의 의로운 행위입니다.
>
> (요한묵시록 19장 7-8장)

띄어쓰기 없는 한 단어 '어린양'은 예수를 가리키는 상징어고, 묵시록에서 '신부'는 1세기경 그리스도인을 가리키는 비유다. 이때의 혼인은 예수를 유대인들이 고대해온 메시아로 받아들이는 것이다.

나의 주는 오직 하느님뿐이라는 고백이 유대인들의 혼인 서약이라면, 주 예수는 하느님의 아들이며 메시아란 고백이 그리스도인들의 혼인 서약인 셈이다. 이것을 신약은 세례로 표현한다.

> *예수님께서는 세례를 받으시고 곧 물에서 올라오셨다.*
> *그때 그분께 하늘이 열렸다. 그분께서는 하느님의 영이*
> *비둘기처럼 당신 위로 내려오시는 것을 보셨다.*
>
> (마태오복음 3장 16절)

예수님의 세례식 때 하느님의 영이 내려와 예수님과 하나 되는 장면, 이는 보이지 않는 성령의 모습을 비둘기로 시각화했을 뿐 요지는 하느님과 예수님이 하나가 되었음을 알리는 의식, 즉 이것이 혼인 잔치다.

그리고 이는 성령과의 일체가 곧 하느님과 하나 되는 과정임을 선포함으로써 삼위일체 교리를 뒷받침해준다. 성부와 성자와 성령이 하나라는 것, 그렇게 하나 되는 의식이 성서에서 비유하는 혼인이다.

삼위일체는 지금도 교단에 따라 말이 많은 교리다. 성자는 성부의 아들로 성부가 성자를 세상에 보냈고, 성령은 성부와 성자의 심부름꾼 같은 존재, 그래서 천사로 불릴 때도 있는데 어떻게 셋이 하나라는 거야? 세 존재가 각자 다르게 생겼는데, 그림에선 셋의 모습을 각각 다르게 그리면서 어떻게 동격이라는 거냐, 하는 의심.

맞는 말이다. 셋이면 셋이고 하나면 하나지, 셋이 하나라는 건 또 뭐냐. 인간의 감각 너머에 있는 것 같은 말은 헷갈리기만 할 뿐 사기 같고 거짓 같고, 좋게 봐도 신화 같고 비유 같단 말이다. 그게 내 삶과 무슨 상관이 있다고.

이런 생각을 지금 우리만 할까, 예수는 "아버지와 나는 하나"(요한 10,30)라고 선언해서 당대 유대인들의 비난과 공격을 받았다. 여기서 아버지는 하느님이니 초월적 존재일 거고 예수는 인간이니 물리적 신체를 갖고 있는데, 어떻게 존재 양태가 다른 둘이 하나란 거야? 같은 인간적 질문이 무리하다고만 할 순 없다. 그래서 예수가 받아친 말이 인상적이다.

> 폐기될 수 없는 성경에서, 하느님의 말씀을 받은 이들을 신이라고 하였는데, 아버지께서 거룩하게 하시어 이 세상에 보내신 내가 '나는 하느님의 아들이다.' 하였다 해서, '당신은 하느님을 모독하고 있소.' 하고 말할 수 있느냐?
>
> (요한복음 10장 35-36절)

예수의 이런 파격 행보는 당시 유대인들을 적잖이 분노케 하고 흥분시켰다. 감히 네가 '하느님의 아들'이라고? 심지어 '아버지와 나는 하나'라고? 하느님은 성스러운 존재인데 한낱 미물인 인간 주제에? 그리고 하느님한테 무슨 인간 아들이 있어? 사기 치지 마! 이 이단 나자렛 예수야!!

그래서 신약의 저자들은 구약의 비유를 소환한다. 구약에서 하느님은 이스라엘을 '혼인한 여인'으로 불렀고, 나의 '아내'로 칭했으니까.

> 하늘나라는 자기 아들의 혼인 잔치를 베푼 어떤 임금에게 비길 수 있다. 그는 종들을 보내어 혼인 잔치에 초대받은 이들을 불러오게 하였다. 그러나 그들은 오려고 하지 않았다.
>
> (마태오복음 22장 2-3절)

우리가 이상향으로 그리고 있는 '하늘나라'는 천국을 의미하는데 이걸 '자기 아들의 혼인 잔치'로 비유했다. 여기서 임금이 가장 사랑하는 존재인 '자기 아들', 이는 하느님과 예수님의 관계라고 자연스럽게 유추해 볼 수 있다. 그리고 '종들'은 사도들이며 '혼인 잔치에 초대받은 이들'은 교회에 나오라고 전도 받은 사람들이다.

그러나 당시 핍박받는 교회에 선뜻 오려는 사람이 많지는 않았을 것이다. 그래서 "사실 부르심을 받은 이들은 많지만 선택된 이들은 적다."(마태 22,14)고 탄식한다. 그리스도인들이 박해받던 시절 언제 끌려갈지 모르는데, 새로운 취미활동 시작하듯 신앙생활을 선택할 순 없었을 것이다.

지금의 우리가 경이롭게 생각하는 부분이 이 점이기도 하다. 다신교 국가인 로마에 살면서 왜 그렇게 유일신 사상을 고집하며, 게다가 삼십 대에 십자가 처형을 당한 중범죄자 예수를 메시아 곧 구원자라고 뭘 보고 믿었을까? 그들이 목숨과 바꿀 만큼의 가치가 도대체 뭐였을까 하는 것.

그래서 열 처녀의 비유가 나왔다. 상시 긴장하고 기다려라, 안 그러면 혼인 잔치가 열리는 잔칫집의 문이 눈앞에서 닫힐 거라고. 언제 오실지 모르는 예수 재림에 대한 기대가 자꾸 옅어지는 것에 대한 경고로, 과연 예수님이 다시 오시긴 하는 거야? 이런 의심이 들지 않을 수 없었을 것이기에.

그리고 혼인 잔치에 가면 평소 못 보던 맛있는 음식을 많이 먹는 게 동서고금의 공통점이다. 그래서 사람들이 예수에게 몰려와, "요한의 제자들과 바리사이의 제자들은 단식하는데, 선생님의 제자들은 어찌하여 단식하지 않습니까?" 하고 물을 때, "혼인 잔치 손님들이 신랑과 함께 있는 동안에 단식할 수야 없지 않느냐?"라고 답했다. 더하여 그들이 "신랑을 빼앗길 날"이 올 것이며 그때에는 그들도 "단식"할 것(마르 2,18-20) 이라 했다.

위의 일화는 비유의 의미가 여러 개 겹쳐 있는 대단히 중요한 이야기다. 먼저 주목할 점은 물질적 단식이 그리 중요하지 않다는 것이다. 세례요한은 광야 생활이 익숙한 수도자라 그와 그 제자들에게 단식은 일상적인 수행이었을 텐데, 예수는 본인을 '신랑'이라 칭하며 혼인 잔치에서 어떻게 '단식'할 수 있느냐고 반문한다.

이 말이 액면 그대로일 리 없다. 당연히 비유이다. 하느님의 성령과 하나된 예수는 본인도 혼인 상태이며, 하느님의 말씀을 나누는 행위가 혼인 잔치이고, 따라서 이때 먹는 건 실제 음식이 아니라 말씀이라 하겠다.

그리고 자신의 죽음을 예언한 말이 '신랑을 빼앗길 날'이고, 그때가 되면 말씀을 전하는 이가 없으니 '단식'할 수밖에 없는 상황이 온다. 그러니까 주님의 말씀을 못 먹는 상황이 단식 곧 굶고 있는 상태인 것이다. 태초에 창조도 말씀으로 하셨으니 생명 자체도 말씀에 있다는 얘기.

이처럼 예수를 말씀 그 자체로 여기는 인식은 묵시록에도 그대로 나타난다.

> 그분께서는 또 피에 젖은 옷을 입고 계셨고, 그분의 이름은 '하느님의 말씀'이라고 하였습니다.
>
> (요한묵시록 19장 13절)

여기서 '피에 젖은 옷'을 입고 있는 사람은 십자가 처형을 당한 예수인데, 예수의 이름을 '하느님의 말씀'이라고 칭한 대목이 인상적이다.

이런 점에서 묵시록은 참 친절한 책이다. 행여 의미를 곡해할까 틈틈이 설명해주는 센스, 이렇게 배려 깊은 책을 봉인했으니 계시받은 자만 해석할 수 있다고 믿는 거, 이를 맹신하는 신도들이 꽤 많다는 현실이 난센스다.

정리하면, 혼인은 하느님의 성령과 하나되는 과정이고 성령을 받는 쪽이 신랑을 맞이하는 '신부'에 해당한다. 이런 비유가 묵시록에도 그대로 이어져 "거룩한 도성 새 예루살렘이 신랑을 위하여 단장한 신부처럼 차리고 하늘로부터 하느님에게서 내려"(묵시 21,2) 온다는 표현이 등장한다.

그때가 "하느님의 큰 잔치"(묵시 19,17)가 열리는 때고 그곳이 바로 '새 예루살렘'이다. '예루살렘'은 실제로 존재하는 시명이지만 여기서 '새 예루살렘'은 물리적 공간이 아니다. 그렇게 '예루살렘'은 상징이 되고, '새 예루살렘'은 상징적 존재가 되었다.

유대인으로 이루어진 초대교회 그리스도인들에게 되찾아야 할 성지인 '시온산'이 이스라엘을 상징하듯 예루살렘도 이스라엘을 상징하는데, 여기서 핵심은 '새' 예루살렘이란 것이다.

이렇게 물리적 장소며 시공의 개념인 예루살렘이 '새 예루살렘'이 되면서 초자연적 땅, 곧 영적 공간으로 상징적 의미를 갖게 되었다. 그리고 이는 유대교 전통에서 그리스도교가 벗어나는 과정을 보여준다.

> **하느님께서 우리에게 새 계약의 일꾼이 되는 자격을 주셨습니다. 이 계약은 문자가 아니라 성령으로 된 것입니다. 문자는 사람을 죽이고 성령은 사람을 살립니다.**
>
> (코린토 둘째 서간 3장 6절)

굳이 왜 '문자'의 부작용을 강조하고 있을까. 태초의 모든 창조가 말씀으로 이루어졌고 그 말씀을 기록한 것이 문자인데. 그래서 문제다. 모세의 십계명도 율법서도 구약성서도 랍비들의 해석서도 모두 문자라서.

그리스도교는 유대교 전통 아래 있으나 과거의 율법에 얽매여선 안 됐다. 예수를 매개로 새로운 종교가 탄생한 만큼 이들의 신앙을 보편적 교리로 확장하려면 '새 계약'이 필요했다. 그리고 이를 이끄는 존재가 '성령'이기에 '문자는 사람을 죽이고 성령은 사람을 살'린다는 진술까지 등장하게 된다.

왜냐면 "주님은 영이"시라 "주님의 영이 계신 곳에는 자유가 있"(2코린 3,17) 기 때문이다. 율법이 문자의 속박에 있을 때 종교는 사람의 자유를 억압하고 의지를 통제하는 수단으로 이용된다. 그래서 예수는 스스로 자신을 율법의 완성자라 칭하기도 했다.

이는 오늘날의 맹목적인 신앙인들에게 경종을 울리는 말이기도 하다. 지금 내가 신앙인이어서 자유롭지 않다면? 주님의 영이 계신 곳에는 자유가 있다고 했는데? 그러니 신앙으로 인해 자유롭다면 안전한 신앙생활을 하는 것이다.

그런 상태가 주님의 성령이 내 안의 성전에 있는 혼인 상태이며, 이것이 바로 새 예루살렘에서 살아가는 나의 모습이다. 그런데 그간 한국교회는 과도한 죄의식을 심어주고 원죄 운운하며 교인들의 사유를 통제하는 일들이 있었다.

여기에 지친 신자들이 기존 제도권 종교에서 받은 상처 때문에 방황하다 만나게 되는 데가 이단이다. 이중 이단의 대명사처럼 된 교단이 신천지고, 우리나라 기독교가 비유 풀이에 관심을 갖게 된 계기도 신천지 영향이다.

기존 교단에서 신천지를 아무리 이단이라 한들 청년과 중년여성들이 쏠리는 현상을 막을 수가 없다. 그 미끼의 첫 입질이 바로 성경 비유 풀이다. 명쾌하게 이해되는 성경이란 그 자체로 경이로운 사건이니까.

특히나 권위적인 한국교회에서 일방적인 설교에 갈증과 염증을 느끼는 신자들에게 2000년간 봉인된 성경의 비밀을 열어준다? 이건 꽤 유혹적이고 매력적이다. 선택받은 자만이 누릴 수 있는 하나님의 은혜라 하니, 기독교 특유의 선민의식과 한국인 특유의 자부심을 충족시켜 준다.

그러나 뭐니 뭐니해도 가장 큰 문제는 기존 기독교의 권위주의에 있다. 성경이 얼마나 달콤하고 설레는 책인지, 그래서 중독성을 가지고 있는데, 왜 그것을 기존 교단에서는 경험하지 못했는지 오히려 이 점을 성찰해야 한다.

신천지인들이 센터에서 성경 공부를 마친 후 막상 교회 안에서 신앙생활을 할 때는 배운 것과 현실이 달라 많이 갈등한다. 그런데도 그곳에서 나오지 못하는 가장 큰 이유가 바로 성경 공부에 있다는 사실, 이 점은 확실히 기존 교회들이 반성할 일이다.

성경을 교단의 권위로 포장해서 해석을 독점하는 행태가 갈 곳 잃은 어린 양들을 낭떠러지로 몰고 간다. 종교와 신앙 문제에 대해 질문도 안 받고 의심도 못 하게 하는 불친절과 낡은 제도들.

흔히 이단이라고 하는 비제도권 교회의 성경 해석이 대단히 체계적이고 논리적이란 사실을 기존 교단은 모르고 있다. 왜냐면 이 교리들이 단기간에 형성된 것이 아니라 긴 시간 동안 이단끼리 서로서로 영향을 주고받으며 점점 더 정교해져 왔기 때문이다.

또한 미래에 대한 비전을 전 인류로 확대하기에 교인들에게 소속 교회에 대한 자부심을 준다. 내 구원만을 위해 돈과 시간과 노력을 헌신하는 데는 한계가 있다. 그래서 구원 범위가 넓을수록 나의 행동이 정당화되고 교인으로서의 긍지도 높아진다.

미국 영화의 영웅들이 왜 죽기 살기로 나쁜 놈들과 싸우는가. 인류구원 세계평화의 대의명분을 내세우면 없던 힘도 생기고, 다 죽어 가다가도 벌떡 일어날 수 있기에 그렇다. 인간의 정의감은 묘해서 이 타성을 통해야만 이기성이 더 크게 충족된다.

나의 구원만이 아니라 타인과 세상을 내가 구원해야 한다는 책임감에 입각한 소명 의식, 그래서 이단이 쉽지 않다. 간단치 않다. 그리고 이러한 대의명분을 제공하는 성경 공부의 초석에 비유 풀이가 있다.

그렇게 성경에 접근한 사람들은 더 이상 일반 교회에서 설교를 들을 수 없게 된다. 이미 알을 깨고 나온 새는 다시 깨진 알 속으로 돌아갈 수 없기에. 나도 날개가 있다는 걸 확인한 새는 갑갑한 둥지에만 있을 수 없기에.

그러나 정작 문제는 그렇다고 해서 이들이 자유로운 상태가 아니라는 데 있다. 오히려 날개가 있다는 것만 확인한 채 실상은 한 번도 하늘을 날아보지 못하는 새와 같다.

또는 그들 자신은 이제 드디어 미운 오리 새끼에서 우아한 백조로 환골탈태했다고 믿으나, 실제로는 눈칫밥 먹던 길고양이에서 굶주린 하이에나로 황량한 사막에 던져진 상황이라는 것. 대체 이를 누가 책임질 수 있을까.

06 죽일 놈, 나쁜 놈, 당하는 놈
'짐승' 이미지

묵시록이 사회문제를 일으키는 요소 중 단연 으뜸은 '짐승'에 대한 해석 차이다. 짐승을 어떻게 해석하느냐에 따라 구원의 형태도 달라진다. 불트만은 "신약 시대의 세계관은 신화적이다."라고 말했다.

놀랍지 않은가, 구약도 아니고 신약이 신화적이라니! 구약은 역사서고 예언서요, 신약은 예수의 전기고 사도들의 고백서라 생각하는 신앙인들에겐 선뜻 동의하기 어려운 말일 것이다.

루돌프 불트만이 매우 유명한 독일 신학자고, 마르부르크 대학의 신약학 교수로 30년간 재직했다고 해도 '신약 시대의 세계관이 신화적'이란 표현은 기독교인들에게 불편할 수 있다. 그럼 우리가 거짓말에 놀아난 거라고? 같은 분노.

한국인들에게 신화란 단군신화처럼 책 속에 있을 뿐 우리의 일상

전면을 지배하고 있진 않다. 그러나 유대인들에게 유대교는 일상이며 존재의 이유고 정체성의 근본이라면 얘기가 다르다. 그러니까 신화적 세계가 현실이 된다면 거짓이 아니란 얘기.

중세 가톨릭의 부패를 비판하며 개혁의 종교로 시작한 개신교는 기존의 가톨릭 전통에서 벗어나는 방식이 '오직 성경'을 전면에 내세우는 것이었다. 그것이 신과 나의 관계를 가로막는 제도에서 탈피하는 일이며 새롭게 정비된 기독교가 나아갈 유일한 방향성이었다.

이런 과정에서 신학교에서 배우는 텍스트로서의 성서 지식과 현장 사목에서의 성경 해석이 불일치하게 되었고, 특히 뜨거운 성령 부흥회 같은 선교 역사를 배경으로 급성장한 한국 기독교는 성서의 해석학적 여과 즉 '탈 신화화' 과정을 제대로 거치지 못했다.

성경의 권위가 너무나 절대적이다 보니 교인 스스로 성경을 해석하는 일이 금지되기도 했다. 그리고 이런 교계 풍토는 우리나라에서 이단이 부흥하게 되는 토양으로 작동한다.

한국가톨릭은 성서에 관심이 없고 한국개신교는 성서를 우상시하니, 성서 해석에 빈틈이 많은데다 성서 자체가 선악과 곧 금단의 열매가 되어버린 것이다. 그러니 어쩌랴, 금단의 열매로 유혹하는 이단이 구원처럼 보일밖에.

그런데 신화에는 원형상징이란 게 있다. 이솝우화처럼 시대가 변해도 공간이 바뀌어도 그 교훈이 현재까지 살아 있는 것, 그건 우화에 대한 해석이 보편성을 전제하기에 가능하다.

그것이 원형상징이다. 예를 들어, 물과 불은 대표적인 원형으로 각각 생성과 소멸의 상징성을 띠고 있다. 동서고금을 막론하고 인지상정으로 통하는 것들, 그래서 원형상징은 해석의 보편성을 갖게 된다.

그러니까 불트만이 주장한 '탈 신화화'는 성서가 거짓이야, 그렇게 말하는 게 아니라 신화 껍질 속에 들어있는 알맹이, 즉 보편적 진리에 가 닿아야 한다는 말이다. 그리고 여기에 해당하는 대표적 장르가 묵시록이다.

묵시록의 저자이며 주인공인 요한은 환시에서 짐승 하나가 '바다'에서 올라오는 것을 본다. 이때의 '바다'는 다니엘서에서와 동일하게 '짐승'이 살기 좋은 곳으로 유대인들에겐 적대적인 공간이다.

> **내가 밤의 환시 속에서 앞을 보고 있었는데, 하늘에서 불어오는 네 바람이 큰 바다를 휘저었다.**
>
> **그러자 서로 모양이 다른 거대한 짐승 네 마리가 바다에서 올라왔다.**
> (다니엘서 7장 2-3절)

또한 로마는 지리적 위치상 묵시록 2~3장에 등장하는 소아시아의 일곱 교회 관점에서 보면 실제로도 '바다' 건너에 위치한다. 이처럼 묵시록은 유다적 상징성과 당시의 역사적 시대상이 씨줄과 날줄로 얽혀 직조되었다.

그런데 이런 유다적 상징성이 이스라엘만의 고유한 문화는 아니었다.

위의 부조는 기원전 2,600년 경 수메르인의 작품인데 일곱 머리의 괴물과 신으로 보이는 인물이 싸우고 있다. 묵시록에도 일곱 머리 열 뿔 짐승이 등장한다. 이는 괴물 이미지가 오랜 시간 그 지역에서 공유되어왔다고 하겠다.

크레이크 키너는 성경 주석서에서 고대 메소포타미아 신화는 일곱 개의 머리를 가진 괴물을 묘사했는데, 후기의 유다 전승은 용을 예배하는 것을 바빌론과 연관시켰다고 설명한다. 그러니까 일곱 개의 머리를 가진 뱀 혹은 용의 이미지는 가나안 신화의 일부로 이스라엘에서 이것을 상징적으로 차용했다는 말이다.

> 당신께서는 바다를 당신 힘으로 뒤흔드시고
> 물 위에서 용들의 머리를 부수셨습니다.
>
> 레비아탄의 머리들을 깨뜨리시어 바다의
> 상어들에게 먹이로 주셨습니다.
> (시편 74편 13-14절)
>
> 그날에 주님께서는 날카롭고 크고 세찬 당신의 칼로
> 도망치는 뱀 레비아탄을, 구불거리는 뱀 레비아탄을
> 벌하시고 바닷속 용을 죽이시리라.
> (이사야서 27장 1절)

시편과 이사야서에서도 괴물 '레비아탄'은 '용' 또는 '뱀'으로 설정되었다. 이런 바다짐승의 이미지와 서사 구조상의 역할은 구약 전체에서 동일하게 표현된다.

하느님은 "오만한 바다를 다스리시고 파도가 솟구칠 때 그것을 잠잠케 하시"(시편 89,10)는데, 그 '오만한 바다'를 다스리시는 방법이 "라합을 죽은 몸뚱이처럼 짓밟으시"(시편 89,11)는 것이며, 그것이 곧

"당신 원수들을 흩으시"(시편 89,11)는 것이다. 그러니까 '라합'은 원수들의 지도자인 셈이다.

그런데 이렇게 하느님의 원수들을 조종하는 바다짐승은 하느님의 계획을 방해하는 이집트의 파라오처럼 구체적인 인물을 다룰 때에는 하느님을 흉내 내는 '용'의 형상으로 드러난다.

그래서 하느님은 "이집트 임금 파라오야! 나일강 한가운데에 드러누워 '나일강은 내 것이다. 내가 나를 위해서 만들었다.'고 말해대는 거대한 용아!"(에제 29,3)라고 말씀하신다.

이를 통해 이집트 왕 뒤에는 '거대한 용'이 있음을 알 수 있다. 그런데 그 용이 '나일강을 창조했다'고 말한다. 즉, 하느님의 흉내를 내면서 창조주의 자리를 넘보는 것이다. 그래서 하느님은 "갈고리로 용의 턱을 꿰고 나일강의 물고기들을 용의 비늘에 달라붙게 하여 용을 비늘에 달라붙은 나일강의 물고기들과 함께 나일강에서 끌어 올리"(에제 29,4)신다.

정리하면, 구약에서의 '레비아탄'과 '라합'은 그 모양이나 역할에서 구분이 되지 않는 동일한 존재로 하느님의 원수이며 '바다'에서 서식하는 '짐승'이다.

따라서 '바다'는 악한 무리가 사는 장소이고, 레비아탄과 라합은 그런 악한 무리의 우두머리인 셈이다. 그리고 그 모습은 거대한 뱀 내지는 용의 형상으로 그려진다.

그리고 요한 묵시록에서는 괴물에 해당하는 '붉은 용'과 그의 하수인인 '짐승'이 닮은꼴로 묘사된다. 그 이유는 붉은 용이 일곱 머리와 열 뿔을 가졌고 머리마다 왕관을 쓰고 있는데(묵시 12,3), 바로 이 용이 바다에서 올라온 짐승에게 자신의 권세를 주었기(묵시 13,4) 때문이다.

그러므로 구약에서의 용은 그 자체가 짐승이었다면, 요한 묵시록에선 용과 짐승이 서로 별개의 존재라는 데 차이가 있다. 다만 짐승의 권능이 용에게서 나온 것이라 짐승이 그대로 용의 모습을 하고 있을 뿐이다.

다시 말해, 바빌론 신화에 등장하는 인간보다 우월한 존재, 즉 인간보다 막강한 힘을 가진 존재인 짐승의 이미지가 성경에 전용됐음을 알 수 있다.

그런데 성경에서는 짐승의 역할이 하느님의 대적자로서 유다 민족을 억압하는 존재로 의미적 층위가 바뀌었다. 그러나 보통 사람의 힘을 넘는 존재로서의 짐승, 인간을 초월한 권력의 대리자로서의 짐승 이미지는 그대로 차용된 것이라 하겠다.

> **나는 또 바다에서 짐승 하나가 올라오는 것을 보았습니다. 그 짐승은 뿔이 열이고 머리가 일곱이었으며, 열 개의 뿔에는 모두 작은 관을 쓰고 있었고 머리마**

다 하느님을 모독하는 이름들이 붙어 있었습니다.

(요한묵시록 13장 1절)

이미 앞서 기록된 다니엘서에 "짐승은 세상 나라의 임금"(다니 7,17)이고 "뿔 열 개는 그 나라에 일어날 열 임금"(다니 7,24)이라 기록돼 있다.

이 해석을 그대로 묵시록에 대입하면 '짐승'은 로마의 황제이고, '열 뿔'은 로마 제국 아래 있는 속국들의 왕에 해당한다. 그리고 '일곱 머리'는 짐승의 머리이므로 일곱 황제가 된다. 그 짐승이 '바다'에서 올라왔으므로 바다는 이방국, 곧 하느님 나라와 적대적인 공간이다.

그런데 짐승이 하나가 아니다. 첫째 짐승 말고도 둘째 짐승이 또 있다. 짐승 한 마리도 헷갈리는데 유사품이 또 있으니 묵시록의 내용이 더 헷갈린다.

나는 또 땅에서 다른 짐승 하나가 올라오는 것을 보았습니다. 그 짐승은 어린양처럼 뿔이 둘이었는데 용처럼 말을 하였습니다.

(요한묵시록 13장 11절)

"용이 그 짐승에게 권한을 주었으므로"(묵시 13,4) 일단 용과 짐승은 개체가 다른 별도의 존재다. 그리고 '땅에서 올라오'므로 이 둘째 짐승은 토박이 로마인이 아니다.

그런데 특이하게도 '어린양처럼 뿔이 둘'인데 말은 또 '용처럼' 한다. 꽤나 일관되지 못한 기이한 존재다. 이때 힌트가 되는 구절이 일곱 교회에 보내는 편지 내용에 있다.

> 너에게 몇 가지 나무랄 것이 있다. 너에게는 발라암의 가르침을 고수하는 자들이 있다. 발라암은 발락을 부추겨, 이스라엘 자손들 앞에 걸림돌을 놓아 그들이 우상에게 바친 제물을 먹고 불륜을 저지르게 한 자다.
>
> (요한묵시록 2장 14절)

> 너에게 나무랄 것이 있다. 너는 이제벨이라는 여자를 용인하고 있다. 그 여자는 예언자로 자처하면서, 내 종들을 잘못 가르치고 속여 불륜을 저지르게 하고 우상에게 바친 제물을 먹게 한다.
>
> (요한묵시록 2장 20절)

여기서 '발라암'과 '이제벨'의 공통점은 '우상에게 바친 제물을 먹게' 했다는 것이다. 이것이 얼마나 나쁜 짓이면 그들을 교회에서 용인한다는 이유만으로 나무랄 점이 될까. 그러니 해서는 안 될 일이다.

그리고 그들은 이스라엘 역사에서 이방인 예언자에 해당하며, 그들로 인해 바알에게 제사 지내는 일이 이스라엘 내에서 확대된다. 그래서 '불륜을 저지르게' 한다거나 '예언자로 자처'한다는 질책이 이해된다.

바알을 숭배하게 만든 역사적 인물을 끌고 와 로마 황제의 숭배의식을 권하거나, 적어도 황제숭배의식의 타당성을 주장하는 교회 내 자칭 예언자들, 그들이 이방인 예언자로 둘째 짐승에 해당하는 것이다.

그래서 그들이 '어린양'의 외피를 쓴 '용'의 대리인인 셈이다. 예언자이기 때문에 어린양을 내세우나 황제숭배의식에 참여할 것을 권하므로 용의 대리자란 의미다. 이름하여 땅에서 올라온 둘째 짐승.

이제 짐승의 정체는 깔끔하게 밝혀졌다. 황제숭배의식의 대상인 로마 황제가 바다에서 올라온 첫째 짐승이고, 황제숭배의식에 참여할 것을 권하는 교회 내 자칭 예언자가 땅에서 올라온 둘째 짐승이다.

그리고 둘째 짐승은 첫째 짐승의 권한을 행하고, 다시 첫째 짐승은 용에게 그 권한을 받았으므로 결국 최종 빌런은 돌고 돌아 어차피 용이다.

> 그 큰 용, 그 옛날의 뱀, 악마라고도 하고 사탄이라고도 하는 자, 온 세계를 속이던 그자.
> (요한묵시록 12장 9절)

친절한 묵시록이 설명해주길 그 용은 '그 옛날의 뱀', 그러니까 창세기에서 선악과로 하와를 유혹하던 그 뱀이며, 그 뱀의 정체는 악마 곧 사탄이란다.

그런데 자신의 정체를 사탄이라고 밝히지 않은 채 자신의 대리인으로 짐승을 내세워 '온 세계를 속이던 그자'인 것이다. 이 용은 묵시록 12장에선 여인이 낳을 아이를 빼앗으려고 여인을 쫓아다니며 괴롭힌다. 그리고 이 용의 대리인인 짐승들은 묵시록 19장에서 비극적 최후를 맞는다.

> **그 짐승이 붙잡혔습니다. 그 짐승 앞에서 표징들을 일으키던 거짓 예언자도 함께 붙잡혔습니다. 그 거짓 예언자는 그 표징들을 가지고, 짐승의 표를 받은 자들과 짐승의 상에 경배하는 자들을 속였던 것입니다. 그 둘은 유황이 타오르는 불 못에 산 채로 던져졌습니다.**
>
> (요한묵시록 19장 20절)

우상의 대상자들 곧 로마 황제인 '그 짐승'도, 우상숭배에 앞장선 이방인 출신의 자칭 예언자인 '거짓 예언자'도 결국 '유황이 타오르는 불 못에 산 채로 던져'질 운명이다.

그리고 그들은 마지막 때에도 기회가 주어지지 않고 첫 번째 죽음으로 그냥 끝나는 존재들이다. 회개의 기회가 주어지지 않는 한결같이 나쁜 놈들이 바로 '짐승'.

여기서 우리가 간과하면 안 되는 것이 있다. 1세기 무렵 그리스도인들은 황제숭배의식 때문에 목숨을 잃었다. 종교적 신념 때문에 순교하는 것이 옳으냐 그르냐를 떠나 이들에게 로마 황제는 감히 대항할 수 없는 괴물처럼 막강하고 거대한 권력이었다.

그러니 죽어 마땅한 존재, 그러나 지금 당장은 자신들의 힘으로 저항할 수 없는 상대, 하지만 끝내 언젠가는 자신들이 이긴다는 믿음. 어떻게? 우주 최강자인 하느님의 심판으로 적들은 영벌 받고 자신들은 영생하리란 소망으로.

이런 시대적이고 역사적인 조건을 배제한 채 괴기의 텍스트를 문자로만 고정해서 현재로 가져오면 해석상의 왜곡이 발생한다. 더구나 시공을 달리한 이질적인 문화가 탈신화화를 거치지 않고, 토착화도 제대로 이루어지지 않으면 십중팔구 문제를 일으킨다.

그렇게 서구를 지배한 기독교 문화는 타자에 대한 고정 이미지를 고착하고 이분법적 사고를 전파하는 데 기여했고, 지금의 우리나라 현실도 이런 영향에서 크게 벗어나지 못하고 있다.

나와 다른 생각을 가진 상대를 사탄으로 고착시켜 놓으면 상대는 자기 성찰의 기회조차 없다. 그냥 나쁜 놈으로 태어나 나쁜 놈으로 죽는 거다. 사람은 안 변해, 관상은 과학이야, 이런 말이 유행하는 우리 사회가 인간관계로 고통받는 이유기도 하다.

포스트모던 시대, 그러니까 기준과 원칙이 객관적으로 존재한다고 믿었던 모던 시대가 무너지면서, 기존의 기준과 원칙은 무너졌지만 새로운 기준과 원칙은 형성되지 않아 맞이한 아노미 상태, 곧 규범의 혼돈 시대, 그래서 상대를 악마화 마녀화 시키는 데도 일정한 기준이 없어졌다.

그래서 더 위험한 시대가 되었다. 이제 내 맘에 안 들면 다 나쁜 놈이 돼버린다. 그리고 나쁜 놈은 죽어 마땅할 인권도 없는 괴물이니 어쩔... 이게 종말이 아니면 뭘까, 바벨탑 사건으로 인류가 전 지역으로 흩어져 살게 된 건 언어가 달라졌기 때문이다. 그리고 지금의 우린 같은 언어를 사용해도 소통할 수 없는 시대에 살고 있다.

07 인간은 우상 없이 못 살아?
666과 이단

짐승과 관련된 가장 핫한 이슈는 뭐니 뭐니해도 '666'이다. 한때 '바코드'였다가 최근엔 '베리칩'까지 새로운 기술의 등장 때마다 이게 묵시록에서 말하는 '표'다, '낙인'이다, 하며 세상을 시끄럽게 만든다. 코로나 때는 '백신'도 이 대열에 들어왔다. 대체 666이 뭐길래.

> 여기에 지혜가 필요한 까닭이 있습니다. 지각이 있는 사람은 그 짐승을 숫자로 풀이해 보십시오. 어떤 사람을 가리키는 숫자입니다. 그 숫자는 육백육십육입니다.
>
> (요한묵시록 13장 18절)

정말 친절한 책인 묵시록은 666이 '어떤 사람'이라고 말한다. 그리고 '그 짐승을 숫자로 풀이'한 것이라고 다 말해 준다. 그래도 암호 같은 진술이 걸렸는지 요한도 나서서 '지혜가 필요'하고 '지각이 있'어야 한다고 언질을 준다. 굳이 꼭 집어 '사람'이라는데 굳이 666을 손에 받지 마라, 이마에 받지 마라, 하면서 해석의 문제가 생기니, 참.

> 또 낮은 사람이나 높은 사람이나, 부자나 가난한 자나, 자유인이나 종이나 할 것 없이 모두 오른손이나 이마에 표를 받게 하였습니다.
>
> 그리하여 짐승의 이름이나 그 이름을 뜻하는 숫자로 표가 찍힌 사람 말고는 아무것도 사거나 팔지 못하게 하였습니다.
>
> (요한묵시록 13장 16-17절)

신분이나 지위에 상관없이 '모두 오른손이나 이마에 표를 받게 하였'는데, 바로 이 구절이 오늘날 많은 기독교 교단들에 아전인수식의 해석을 제공하는 빌미가 된다.

이에 대한 다양한 해석은 오늘날 사회를 혼란스럽게 하는 원인으로 요한 묵시록에 대한 터무니없는 터부와 거부감을 증폭시킨다. 그러나 이는 우리가 저자 요한이 살았던 시대의 상황에 주목하지 않아서이고, 요한의 관점에서 묵시록을 이해하지 않아서이다.

유대인들에게 표를 받는 일은 낯설지 않다. 오른손이나 이마에 낙인을 받는 방식은 모세의 시대에 이미 등장했다. 탈출기에 따르면 손이나 이마 중 한 곳에는 낙인이 찍혀 있어야 하느님의 백성이란 사실을 증명할 수 있다.

> 이것을 너희는 너희 손에 감은 표징과 너희 이마에 붙인 기념의 표지로 여겨, 주님의 가르침을 되뇔 수 있게 하여라. 주님께서 강한 손으로 너희를 이집트에서 이끌어내셨기 때문이다.
>
> (탈출기 13장 9절)

> 이것을 네 손에 감은 표징과 네 이마에 붙인 표지로 여겨라. 주님께서 강한 손으로 우리를 이집트에서 이끌어내셨기 때문이다.
>
> (탈출기 13장 16절)

이처럼 표를 받는 일이나 낙인을 받는 일은 동일한 행위로 도장을 찍어서 표시를 남기는 것이다. 그런데 탈출기 13장 9절의 '이것'은 '누룩 없는 빵'이고, 16절의 '이것'은 '태를 맨 먼저 열고 나온 가축의 수컷과 자식들 가운데 맏아들을 대속'하는 행위를 말한다.

이는 매년 치러지는 의식으로 이집트 탈출을 기념하고 하느님의 인도하심을 잊지 않으려는 의례적 행위다. 이런 절기 의식을 손과 이마에 남긴 표지로 표현했다.

이런 구절은 "어린양이 시온산 위에 서 계셨습니다. 그와 함께 십사만 사천 명이 서 있는데, 그들의 이마에는 어린양의 이름과 그 아버지의 이름이 적혀 있었"(묵시 14,1)던 것과도 비슷한 의미다.

실제로 이름을 이마에 썼거나 도장으로 찍었다기보단 의로운 행실을 한 사람들을 이렇게 표현한 것이다. 즉, 표나 인은 특정 행위를 상징하는 용어일 뿐 액면 그대로 손바닥이나 이마에 진짜 스탬프를 찍는 행위가 아니다.

한편 '낙인'을 로마 시민의 의무인 황제숭배의식을 거행하고 발급받았던 증명서류라고 보는 입장도 있다. 이런 해석도 가능한 것이 증명서 발급이 당시 의무였기 때문에 이를 거부하면 로마 시민으로서의 자격에 미달하게 된다.

그러나 증명서라는 게 예나 지금이나 필요한 사람만 발급받는 제도라 굳이 '모두'에게 필요한 일일까 싶다. 로마 시민에 한정해서 대상을 지칭하면 묵시록의 전파 범주가 좀 좁아진다고 할까.

그보다는 "짐승의 이름이나 그 이름을 뜻하는 숫자로 표가 찍힌 사람 말고는 아무것도 사거나 팔지 못하게 하였"(묵시 13,17)으므로 화폐, 곧 황제의 얼굴이 부조된 동전이 더 적합하다. 그리고 문제의 666은 그간 여러 학자가 주장해 온대로 '네로'가 가장 근접하고.

누구는 히브리어 알파벳으로 '네로'를 풀어쓰면 그 알파벳의 합이 666이라 하고, 누구는 '짐승'을 의미하는 단어 θηριον(세리온)의 알파벳 총 합수가 666이라 주장한다.

현대의 우리에겐 낯설지만 당시 사람들은 알파벳에 각각 숫자를 대입해 아라비아 숫자 대신 사용했다. 그래서 급작스러운 화산폭발로 멸망하여 유명해진 79년 폼페이의 최후 때 "나는 숫자가 545인 여자를 사랑한다."라는 낙서를 고고학자들이 폐허 속에서 발견하기도 했다.

그러니 666에 대한 다른 해석은 해석에 대한 다양성 측면, 독자는 저자의 의도대로만 책을 읽는 게 아니라는 비평의 영역이지, 묵시록이 비밀의 책이라서 봉인을 풀어 계시받은 자가 숨긴 의미를 찾아내는 일과는 거리가 멀다.

다만 성경에선 7을 완전 숫자, 그보다 1이 부족한 6은 불완전 숫자로 사용하는 경향이 있다. 그래서 대체적으로 7은 하느님, 6은 사탄과 연관해서 상징의 의미를 부여한다. 그러나 사탄에게 권세를 받은 인물이 '일곱 머리 열 뿔 짐승'인 것처럼 7은 세상의 권위를 나타내기도 한다.

그래도 '일곱 교회', '일곱 영', '일곱 봉인', '일곱 나팔', '일곱 대접'에서 보듯 '일곱'이란 수는 하느님의 권위를 드러내는 숫자고, 그만큼 유다인들이 7을 선호했다는 것을 알 수 있다.

이러나저러나 어쨌든 '666'은 비밀스러운 상징이 아니다. 오히려 독자가 잘못 알아들을까 봐 친절하게 '짐승의 이름'이라고 밝혀 놓았으며, 그 '짐승'에 관한 구구절절한 설명이 바로 묵시록 13장 전체의 내용이기에.

정리하면, 당시 그리스도인들은 우상숭배 문제로 일상생활에서도 제약을 크게 받고 있었다. 황제 숭배는 로마제국을 유지하는 강력한 통치 수단이 되었으며, 그러한 절대 권력을 바탕으로 로마제국은 경제발전을 이뤄나갔다.

따라서 황제 숭배를 거부한다는 것은 단순히 신앙의 문제가 아닌 로마제국의 통치체제에 대한 저항으로 보였다. 그로 인해 모든 일상의 삶 역시 제약을 받게 되고, 더 나아가 순교의 위험까지 감수해야 했다.

그리고 문제의 666은 '첫째 짐승'의 이름이라고, 저자 요한은 행여라도 독자가 오해할까 명확하게 설명해 놓았다. 그럼에도 이 666은 요한 묵시록에서 가장 문제시되어 온 것이 사실이다. 한때 우리나라에서도 이 666을 상품 포장지에 있는 바코드, 또는 신용카드의 바코드를 가리킨다는 주장이 유행했다.

그러다가 최근엔 몸에 이식하는 베리칩이 666의 실체라고 하는 주장이 인기를 끌고 있다. 이런 주장들은 신학적으론 오류가 있음에도 대중들을 선동하는 데엔 유효하다. 그만큼 인간들이 음모론에 약하다는 얘기다. 세상은 이해할 수 없는 일들로 가득하고, 모르니 두렵고, 두려우니 음모론이 성행한다.

요한 묵시록이 당대 그리스도인들의 절망감을 위로하는 종말론적 비전이란 점에 주목하면 묵시록이 성행하는 시대는 그만큼 세상적 희망이 없는 시절임을 드러내는 것이다. 그러니 종말론을 기반으로 한 이단이 부흥하는 우리 한국은 진심 문제적 사회가 아닌지 생각해볼 일이다.

여기서 우린 이단이냐 아니냐의 기준이 어디에 있는지 묻게 된다. 사회 조직체가 만든 규범이 종교 진리를 재단할 순 없지 않냐 같은 의문. 기존 종교계가 기득권을 이유로 진리를 독점할 수 있느냐 같은 문제 제기. 신앙은 사적 영역이고 대한민국은 종교의 자유가 있는 나라인데 누가 무슨 기준으로 이단인지 아닌지를 재단하느냐 같은 애매함.

그래서 종교 문제는 종교계 안에서 해결하길 바라는 게 종교의 자유를 보장하는 다원주의 사회의 입장이다. 단지 그 문제가 사회 전체에 영향을 미친다거나 사적 영역이라도 불법 행위가 개입된다면 그때 사회적 규칙과 법적 수단이 종교에 동원된다. 그래서 어려운 일이다. 내가 좋다는데 어쩔.

신앙이 사적 영역인 만큼 종교 선택의 기준도 개인의 선택에 있다. 종교가 필요한 이유도 개인별로 다른 만큼 사회가 간섭하기 어렵다. 다만 우리가 자유의지를 가진 인간이기에 내가 선택한 종교에 진리가 있다면, 이로 인해 우린 자유로워야 하지 않을까?

성서에 있는 자유 관련 가장 유명한 구절은 "너희가 진리를 깨닫게 될 것이다. 그리고 진리가 너희를 자유롭게 할 것이다." (요한 8,32)

인데 이 구절 말고도 "주님은 영이십니다. 그리고 주님의 영이 계신 곳에는 자유가 있습니다."(2코린 3,17) 같은 구절도 있다.

이 구절들을 종합하면 주님은 '영'이시고 '진리'를 깨닫게 하시고, 이것이 우리에게 '자유'를 준다는 말이다. 그러니 신자로서 들어오고 나오는 과정이 자유롭지 못한 교단이나 교회라면 의심해보아야 한다. 내가 진리를 깨달아 자유로운 상태인지, 그게 아니라면 진리가 아니지 않을까 하는 의심, 가까운 사람들을 속여야 하고 때론 자기 자신조차 속여야 한다면 그게 이단 아니고 뭔지.

물론 이단이든 삼단이든 내가 행복하고 나의 삶이 윤택해진다면 사실 이단이 문제가 되진 않는다. 그게 종교의 목적 중 하나기도 하기에. 그러므로 내가 행복하지도 않고 나의 삶이 나아지지도 않는다면 이를 기준으로 선택하는 것이 합리적 결정이지 싶다.

그런데 성서는 우상숭배를 왜 그렇게 싫어할까. 인간은 겁 많고 나약한 존재다. 보이지 않는 것만 가지곤 안심이 되지 않는다. 그래서 동상을 만들어 그 앞에서 절을 한다. 이런 행위가 이스라엘 백성만의 고유성은 당연히 아니다. 이는 인간이 가진 보편적 특성이며 우리나라도 그렇다. 그래서 웬만하면 그러려니 한다.

하지만 성서에는 우상숭배 이야기가 가장 많이 다뤄진다. 매번 이스라엘 백성은 우상숭배를 하다가 벌을 받거나 멸망하곤 한다. 놀랍게도 지혜서에 '우상숭배의 기원'을 설명하는 이야기도 있다. 자식 잃은 아버지가 슬픔을 이기려고 자식의 조각상을 만들었는데 그것이 최초의 우상이 됐다는 것이다.

그 아버지는 자식의 죽음을 있는 그대로 받아들이는 대신 죽은 자식을 신으로 만들어 의지했다. 그야말로 인간에 의해 만들어진, 기원이 확실한 신이 되는 셈이다. 이처럼 우상이란 인간이 욕망 때문에 만들어낸 허상임을 말해 주고 있다.

> 때 이르게 자식을 잃고 슬픔에 잠긴 아비가 갑자기 빼앗긴 자식의 상을 만들어 조금 전까지만 해도 죽은 사람에 지나지 않던 것을 신으로 공경하며 자기 권속에게 비밀 의식과 제사를 끌어들였다.
>
> (지혜서 14장 15절)

우상의 기원을 다루는 이 이야기는 장인이 만든 조각상임을 뻔히 알면서도 조각상에 숭배하는 사람들이 늘어나자, 급기야 임금의 조각상을 만들어 사람들에게 숭배하도록 했다로 이어진다.

자신이 만든 소년상에 값비싼 옷을 입히고 보석으로 치장하니 사람들이 그 조각상에 머리를 조아렸다. 그렇다면 임금의 모습을 제대로 볼 수 없는 백성들에게 임금님 조각상이 얼마나 존귀해 보일까.

솜씨 좋은 장인의 예상은 적중했다. 사람들은 임금의 조각상 앞에서 살아 있는 임금을 눈앞에서 공경하듯 조각상을 떠받들다가 점차 조각상 앞에서 소원을 빌고 기도를 드리기 시작했다.

인간이 신이 되는 과정이다. 이제 백성들은 인간으로 공경하던 자를 신으로 경배하게 된 것이다. 이 이야기가 지혜서 14장에 있다.

> **이것이 인간에게 함정이 되어 불행이나 권력의 노예가 된 사람들이 하느님만 가질 수 있는 이름을 돌과 나뭇조각에 붙였다.**
>
> (지혜서 14장 21절)

대단한 통찰력이다. 우상은 이름만 하느님일 뿐 실체는 돌과 나뭇조각에 불과하다는 것. 그걸 뻔히 알아도 '불행이나 권력의 노예가 된 사람들'은 거기서 벗어나질 못한다. 그래서 '함정'이라 경고한다.

그러나 어쩔 것인가, 불행을 이겨낼 힘도 권력에서 벗어날 용기도 없는 것을. 우린 그다지 강하지 않다. 그래서 의지하고 매달릴 강한 존재가 필요하다. 그것이 '신'이다. 그런데 그 존재가 보이지 않는다면 불안하다. 눈앞에 보여야 확신할 수 있고 안심이 되니까. 그것이 인간이 가진 약점인 것을 알지만 고칠 수 없다.

이슬람교의 경우 동상을 금지하고 초상화도 그리지 않는 이유가 이것이다. 인간에 의해 만들어진 모든 작품은 우상이라는 것. 이슬람교에 비하면 그리스도교가 인간의 본성에 더 너그러운 편이고, 그중

성화와 성모상이 발달한 가톨릭이 가장 인간에게 유연하다. 그리고 이 성모상으로 인해 개신교 중 일부는 가톨릭을 이단이라 말하기도 한다.

그런데 이단의 정의는 참 어렵고도 거친 작업이다. 왜냐면 기독교 세계관이 선악의 이분법적 관점이라 내 편 아니면 대적자, 나랑 다르면 대적자, 내 영역을 침범하면 대적자, 내가 속한 울타리 밖에 있으면 대적자, 기타 등등 기타 등등 내가 나를 모르는데 내가 넌들 알겠느냐, 그래서 그냥 다 대적자.

상대를 제대로 바라보려면 뭘 좀 알아야 하는데, 그 과정이 까다롭고 불편하기에 그냥 다 대적자란 압류 딱지를 집행관들처럼 척척 붙여 버린다. 대체 이게 뭔 짓들인지, 이런 세계관으로 우리가 어떻게 사이좋게 지낼까.

분노는 나만 잡아먹는 게 아니다. 부정적인 에너지는 가족과 친구와 동료에 전염되고, 결국 꺼져가는 잔불도 때마침 불어오는 강풍에 다시 활활활 온 산이 불타듯 나와 내 주변을 전부 재로 만들어버린다.

어떻게 온 세상인지, 무엇 때문에 택한 삶인지 현재의 나로선 잘 모르겠으나 적어도 이렇게 흘러가선 안 된다는 것쯤은 분명히 안다. 우리가 선택의 기로에서 최선이 뭔지 잘 모를 때는 최악부터 쳐나가면서 마지막에 남은 길로 가면 되는 것이다.

그러기 위해서도 선택의 폭이 없는 인생을 살아선 안 된다. 그건 나를 궁지에 몰아넣는 일이다. 내가 남한테 해서 안 될 일은 나한테도 해선 안 되니까. 극단적 이기주의도 나쁘지만 그보다 더 나쁜 건 자포자기다. 내가 나를 돌보지 않는데 무슨 수로 내가 행복해질까.

오병이어의 기적도 떡 다섯 개와 물고기 두 마리, 곧 본전이 있으니까 가능했던 거다. 허공에서 뭔가를 만들어낼 수 있는 존재는 창조주뿐인데, 내가 창조주인가? 그럴 리가! '나' 자신을 위해 돈을 쓰고 시간을 쓰고 맘을 써야지, 맨입으로 될까, 말씀으로 온 세상을 제작하는 존재는 창조신만으로 충분하다.

08 타락과 불륜

'바빌론' 패망의 의미

바빌론 문명이 미친 영향은 성경 곳곳에 드러나는데 가장 대표적인 내용이 바벨탑 이야기다. 바벨탑 이야기의 실제 모델로서 역사적 현장을 제공한 남부 메소포타미아(바빌로니아)의 수도인 바빌론은 기원전 7-6세기 대단히 번성한 도시였다.

이 시기 바빌론 유배(기원전 587-538년)를 겪은 유다 민족에게 바빌론의 풍요로운 문화는 매우 인상적이었을 것이다. 이에 대한 영향으로 요한 묵시록 18장에서는 용이 지배하는 나라를 '바빌론'이라 칭하고, 실제 바빌론의 상업적인 번성 이미지를 이용하여 '바빌론'의 패망을 더욱 극대화한다.

더 나아가 '새 하늘 새 땅'에 건설될 하느님 나라인 '새 예루살렘'의 이미지에도 실제 바빌론 도시를 연상하게 만드는 묘사들이 등장한다. 도성 주변을 둘러싼 높고 화려한 성벽들(21장)과 도성 한가운데 흐르는 강물, 풍요로운 열매들(22장) 등이 그것이다.

이처럼 역사적 실체로서의 바빌론 도시를 기반으로 한 바빌론 문명은 유다 민족에게 영적 감수성을 자극한 원천이 되었다. 이렇게 발전한 문화라니! 놀랍고 동경하는 그런 마음으로.

일제 강점기 때 우리나라 지식인들은 일본 유학을 다녀오는 게 유행이었다. 그러면 식민지 백성으로 일본제국주의에 적대적인 마음을 가진 사람조차 선진화된 도시의 모습에 압도당하는 건 어쩔 수 없었다.

지금의 한국인들이 미국을 좋아하든 싫어하든 자녀 유학지로는 영어권 국가를 선호하는 것처럼, 그중 최고는 미국인 것처럼, 심지어 반미주의자도 자기 자녀는 미국 유학을 보내는 것처럼.

식민지가 된 나라들은 자신을 지배하는 제국에 양가적 감정을 갖게 된다. 강한 힘에 대한 두려움과 동시에 앞선 문명에 대한 동경, 이는 인지상정 아닐까.

우리나라 대한민국은 이스라엘과 마찬가지로 강대국 사이에서 버텨온 역사적 동질성이 있다. 그런 만큼 지배국에 갖는 양가적 감정을 충분히 이해한다. 벗어나고 싶으면서도 따라 하고 싶은 그런 이중적 감정.

그래서 누구는 완전히 경도되어 제국 숭배자가 되고 누구는 철저히 배척하며 제국 혐오자가 된다. 개인이나 국가나 자유의지를 강제로 통제당하면 가치중립적 태도를 지니기가 어려워진다. 이것 역시 알지만 어쩔, 환경에 구속되는 게 생명이라서.

내가 가지지 못한 것을 가진 상대가 부러워서 상대에게 주눅 들면 굴종하게 되고, 부러워서 상대를 미워하면 시기하게 되고, 부러워서 자신을 극복하면 성장하게 된다.

당대 유대 그리스도교인들에게 로마는 너무 크고 강해서 그 압도적인 힘에 굴종 아니면 시기의 대상이었을 것이다. 그렇게 그 '로마'라는 어마어마한 대상은 그대로 과거의 압도적인 상대였던 '바빌론'을 소환한다.

그리고 바빌론은 하느님이 몹시도 싫어하는 불륜과 간음의 상징 '탕녀'로 비유된다. 정조도 없고 도덕도 없고 존엄도 없어서 멸시받아 마땅한 창녀.

> **네가 본 그 여자는 땅의 임금들을 다스리는 왕권을 가진 큰 도성이다.**
> (요한묵시록 17장 18절)

요한 묵시록의 이런 친절함은 볼 때마다 감탄할 수밖에 없다. 바빌론 탕녀에 대해서도 독자가 행여 오해할까 여기서도 '그 여자는 큰 도성'이라고 설명해주는 자상함을 잊지 않는다.

왕권을 가진 권력자들을 타락시키는 탕녀, 그녀가 도성이라면 '로마' 외의 다른 무엇으로 해석이 될까. 음란하고 타락한 탕녀는 이리 봐도 저리 봐도 로마일 수밖에 없고, 다만 왜 로마가 바빌론으로 불리느냐 그 문제만 남는다.

유대인들에게 그만큼 바빌론 유배 시기가 강렬한 기억이므로, 우리가 일제 35년을 잊지 못하는 것처럼 이스라엘의 역사에서 바빌론 60년 유배기가 잊지 못할 충격적 사건이었기에.

게다가 이집트 탈출의 역사를 잊지 않기 위해 유월절을 기념하는 근성의 유대인들이 무려 60년을 남의 땅에서 2등 민족으로 인질 살이 했는데 그걸 잊을까.

> 나는 진홍색 짐승을 탄 여자를 보았습니다. 그 짐승의 몸에는 하느님을 모독하는 이름들이 가득한데, 머리가 일곱이고 뿔이 열이었습니다.
>
> 그 여자는 자주색과 진홍색 옷을 입고 금과 보석과 진주로 치장하였습니다. 손에는 자기가 저지른 불륜의 그 역겹고 더러운 것이 가득 담긴 금잔을 들고 있었습니다.
>
> 그리고 이마에는 '땅의 탕녀들과 역겨운 것들의 어미, 대바빌론'이라는 이름이 적혀 있었는데,

그 이름은 하나의 신비였습니다.

(요한묵시록 17장 3-5절)

'진홍색'은 '자주색'과 마찬가지로 값비싼 염료로 만든 귀한 색이다. 따라서 진홍색 짐승도, 그녀가 입은 자주색과 진홍색 옷도 세상 권위를 드러내는 색채이고 이를 더 부각하고자 '금, 보석, 진주' 치장까지 했다.

그러나 그래봤자 '불륜'의 상징이고, 그래서 '역겹고 더러운' 존재로 그 이름은 '대바빌론'이다. 물론 바빌론이란 이름만 차용했을 뿐 실체는 로마가 그렇다는 것.

바빌론도 로마처럼 당대엔 화려한 문명을 자랑하는 가장 유명한 도시였다. 도시명 앞에 '대'자를 붙여도 손색이 없는. 그래서 그 이름이 '신비'기도 하고 로마 시대 때 뜬금없이 바빌론이 소환되니 '신비'기도 하다. 그리고 바빌론이 망했듯 로마도 망하리란 예언이 따라온다.

그런데 바빌론 탕녀의 몰락이 좀 가혹하긴 하다.

❝

**하루 사이에 여러 재앙이, 흑사병과 슬픔과 굶주림이
그 여자에게 닥칠 것이며 마침내 그 여자는
불에 타 버릴 것이다.**

(요한묵시록 18장 8절)

도시 하나가 망하는 원인엔 여러 가지가 있는데 로마가 망할 땐 그 여러 원인이 동시에 작동한다. 로마의 멸망이 잔인할수록 하느님의 심판을 기대하는 그리스도인들에겐 희망과 위로가 되었을 테니까.

그리고 로마는 또 "영적으로 소돔"이고 "이집트"(묵시 11,8)이다. 이 말은 윤리적으로 타락한 이미지와 이스라엘 백성을 억압하는 이미지가 로마에 공존함을 의미한다.

실제 역사에서도 로마는 쾌락과 향락 때문에 몰락한 도시로 명성이 자자하다. 그런데 바빌론 탕녀는 짐승이나 용과 달리 하느님의 직접 심판 대신 아군들에 의해 짓밟히도록 계획된 점이 특이하다.

> 네가 본 열 뿔과 그 짐승은 탕녀를 미워할 것이다. 그리하여 그 여자에게서 모든 것을 빼앗아 알몸이 되게 하고 나서, 그 여자의 살을 먹고 나머지는 불에 태워 버릴 것이다.
>
> (요한묵시록 17장 16절)

탕녀는 로마를 가리키는 비유이니 사람이 아닌 만큼 로마인들에 의해 자멸하는 것도 자연스럽긴 하다. 즉, '열 뿔과 짐승'은 열 임금과 로마 황제이므로 그들의 타락으로 로마가 멸망한다면 스스로 몰락하는 것이니 더욱 통쾌한 복수가 될 수 있는 것이다.

또한 로마가 너무 거대하고 막강한 도시다 보니 자멸 외에는 몰락의 그림이 잘 연상되지 않았을 수도 있다. 그런데 이런 로마 멸망의 모습을 왜 하필 탕녀에 비유했는지, 더욱이 그녀가 알몸인 상태에서 살을 먹히고 불에 태워지는 방식으로 표현했는지 의심하는 학자도 있다.

왜냐면 성서의 여성 이미지가 이런 탕녀로 인해 후대 교회에 부정적으로 인식되었기 때문이다. 물론 남녀 차별 문제가 종교만의 문제는 아니다. 그리고 가부장제가 여성에게만 백프로 손해인 제도도 아니고.

일부다처제가 여성보다는 가난한 남성에게 불리한 제도이듯 보이는 면과 보이지 않는 면이 항상 공존하는 게 인간사다. 의존적인 여성에겐 가장의 책임을 강조하는 가부장제가 오히려 편할 수 있고, 부양가족을 책임지는 게 두려운 남성에겐 모계사회가 오히려 편할 수 있는 것이다.

그 사회의 다수가 원하는 삶의 형태를 시공을 초월해 판단하는 건 무지가 부른 월권이다. 그러나 더 큰 문제는 시대와 환경을 고려하지 않은 채 과거의 기준을 금과옥조 삼아 시공을 초월해서 현실에 적용할 때이다.

긴 시간 교회는 여성을 창녀 아니면 성녀로 구분했고 자녀가 있는 어머니는 모성이란 브랜드, 곧 제3의 성으로 취급했다. 그리고 중세까지 그런 여성관이 교회 밖 세상까지 지배했으며 가끔은 오늘날에도 교회 안팎으로 이 여성관이 영향을 미치고 있다.

여성은 성에 대해 아주 순진하거나 아니면 아주 요부이거나. 그러나 여성도 개별적 존재자일 뿐이다. 누구는 성적 욕망이 강하고 누구는 그렇지 않은 각각의 인격체가 다른 실존적 존재, 그 이상도 이하도 아니다. 이런 측면에서 보면 구약이 더 인간다운 거 같기도.

판관기의 인물인 '입다'는 창녀의 몸에서 얻은 아들(판관 11,1)이라고 서술돼있다. 이때의 창녀는 귀한 신분은 아니나 여성이 가질 수 있는 직업군의 하나 정도로 보인다. 판관은 부족의 지도자 격인데 창녀가 어머니임을 숨기지 않고 있기 때문이다.

또 여호수아서에 등장하는 예리코 성의 여관 주인 라합도 창녀로 기록돼 있는데, 그녀는 여호수아가 보낸 심부름꾼들을 살려준 공(여호 6,25)으로 이스라엘 백성으로 편입된다. 더하여 신약에선 그녀의 행동을 들어 라합을 의인이라 칭송(야고 2,25)한다.

심지어 마태오 복음에선 라합이 예수의 조상으로까지 등장한다.

"

살몬은 라합에게서 보아즈를 낳고 보아즈는 룻에게서 오벳을 낳았다. 오벳은 이사이를 낳고

> **이사이는 다윗 임금을 낳았다. 다윗은 우리야의**
> **아버에게서 솔로몬을 낳고,**
>
> (마태오복음 1장 5-6절)

여기서 라합은 다윗의 고조할머니가 된다. 유대인들은 우리 한민족만큼이나 뿌리를 중시한다. 그래서 메시아가 유대인들의 바람대로 다윗의 후손임을 증명하고자 마태오나 루카나 예수의 족보를 그렇게 기록해 놓았다.

다만 마태오와 루카의 예수 가계도가 정확히 일치하진 않는다. 그럼에도 살몬, 보아즈, 오벳, 이사이, 다윗으로 이어지는 족보는 둘이 동일하다. 여기에 더해 마태오는 살몬의 아내가 라합이라고 밝혀 놓은 것이다. 아무리 이스라엘 백성으로 귀화했다곤 하나 이방인에 창녀인 라합을.

마태오와 루카의 이런 차이는 아기 예수 탄생 서사에서도 드러난다. 마태오 복음에선 동방박사들이 하늘의 별을 보고 유대인들의 왕이 태어났음을 감지한다. 그래서 그 아기에게 경배하려고 예루살렘에 왔다가 헤로데 왕에게 이 사실을 말한다. 이후 베들레헴으로 간 동방박사들은 거기서 마리아가 있는 집에 들어가 아기 예수에게 황금, 유향, 몰약을 예물로 드린다.

반면 루카 복음에선 아우구스투스 황제의 칙령에 따라 본적지인 베들레헴으로 호적 등록을 하려고 갔는데, 마침 여관들이 꽉 차서 마리아의 해산을 위해 급하게 들어간 곳이 외양간이다. 거기서 구유의 아기 예수가 탄생했고, 방문자는 천사의 인도를 받아 외양간으로 찾아온 양치기 목동들이다.

이를 통해 알 수 있는 사실은 마태오는 왕 같은 메시아를 강조했고, 루카는 낮은 자들의 메시아를 강조했다는 것이다. 이런 관점 차이가 예수 탄생 설화의 차이를 낳았다. 물론 이 이야기가 역사적 사실이냐 하면 그건 별개의 문제다.

왜냐하면 이스라엘 역사엔 호적 등록 칙령도 헤로데의 사내아이들 학살도 기록에 없기 때문이다. 그러니 나사렛 출신 예수가 베들레헴에서 태어날 일도, 더구나 외양간에서 태어날 일도 없었을 것으로 추론한다.

그런데 왜 베들레헴? 그곳이 뭐라고? 바로 그 유명한 베들레헴이 다윗의 고향이기 때문이다. 히브리 노예 출신으로 성립부터 약소 민족이며, 주야장천 주변 강대국들에 치이기만 했던 이스라엘을 역사상 처음 왕국의 반열에 올린 왕 다윗, 몽골인들이 칭기즈 칸을 자랑스러워하듯, 한국인들이 광개토대왕을 100인의 위인에 넣어 노래하듯, 과거 강대국 시절을 그리워하는 심리는 어디나 비슷하다.

그래서 이스라엘 민족은 구원자 곧 메시아가 다윗의 후손에서 나올 거란 믿음이 있었다. 그리고 그리스도인들도 유대교에서 출발한 사람들이다. 예수가 메시아로서의 정통성을 갖도록 예수 탄생 설화에

베들레헴 출생 서사를 삽입한 것으로 보인다.

이걸 두고 또 그럼 성경이 구라냐, 이런 말은 하지 말자. 타인의 사적 영역을 억지로 통제하려 하는 것도 죄악이다. 우리 인간의 지성이 신에게서 온 것인데 사유의 자유를 억압하려 든다면 그거야말로 신이 슬퍼할 일이다. 우릴 진정 자유롭게 해줘야 진리 아닌가.

아무튼 이 정도로 뿌리를 중시하는 이스라엘 민족이 이방인 창녀 라합을 다윗의 고조모로 등장시켰다는 거, 여기에 놀랄 뿐이다. 이에 더해 마태오는 '우리야의 아내' 밧세바도 예수의 가계도에 포함해서 당시 성(性) 윤리관을 엿보게 한다.

유대인들이 가장 사랑하는 다윗 왕은 자신의 충직한 부하였고 탁월한 장수였던 우리야, 그의 아내인 밧세바를 차지하기 위해 우리야를 전장으로 보내 죽음으로 내몰았다. 이는 분명 다윗의 허물이다. 그러나 루카와 달리 마태오에선 밧세바의 아들 솔로몬을 예수의 직계 조상으로 기록했다.

그리고 신명기에서 보면 "신전 창녀"와 함께 "신전 남창"(신명 23,18)도 언급된다. 그러니까 다신교 신전에서 매음 행위는 신을 모시는 사람들의 직업적 역할이기도 했다. 이를 금한 것이 유대교 유일신이었다. 이후 '창녀'는 이방신을 섬기는 사람을 가리키는 용어로 비유되었다.

이에 대한 오해가 종종 성서에 등장하는 창녀 이미지를 왜곡시킨다. 실제 직업이 창녀인 경우는 창녀의 기능에 주목하는 것이 아니라 낮은 자 소외된 자를 상징할 뿐이다. 그 당시는 직업의 다양성이 없는 시대기도 하고.

반면 구약 신약을 막론하고 비유로 사용되는 창녀는, 묵시록의 바빌론 탕녀가 대표적인데 이때의 창녀는 이방신을 섬기는 사람이나 민족을 가리킨다.

그런데 창녀 앞에 '바빌론'이란 옛 도시명이 붙음으로써 묵시록에선 기록 당시의 시대상을 반영해 그 도시가 '로마'로 치환되는 것이다. 그래서 바빌론 탕녀가 곧 타락한 로마를 의미한다.

이미 패망한 그 옛날의 바빌론이 다시 등장하는 건 그 정도로 유대인들에게 이 비유가 익숙하다는 얘기다. 그들에겐 너무 익숙해서 각주도 필요 없는 비유가 시공을 건너 우리에게 오니 온갖 해설이 난무하게 된다.

어려운 일이다. 계시받은 자만 요한 계시록을 해석할 수 있다는 비밀주의, 성경은 일점일획도 오류가 없다는 무오류설, 이 둘이 만나면 성경 해설은 무난하게 이단의 독차지가 돼버린다. 하지만 그게 될 말인가?

계시록은 성서 본문 안에 깨알같이 설명을 다 해놨고, 우리가 읽는 성경은 번역본이라 번역자의 주관이 개입돼 있다. 같은 단어라도 어떤 용어로 번역할지 그게 번역자의 이해 영역에 놓였기 때문이다.

그리고 구약은 히브리어, 신약은 희랍어가 원본인데 그 원본조차 당대 회의에서 여러 사람이 합의해 선택했을 뿐이다. 경전에 수록되지 않은 책들도 많고, 또 개신교 성경과 가톨릭 성경도 차이가 있다.

그러니 어쩔? 내가 속한 교단의 성경만 진리라고 주장하는 신자들은 그런 태도가 얼마나 무지하게 보이는지 본인들만 모른다. 그러면 혹자는 성경의 완성이 성령으로 이루어졌으니 역시 무오류가 맞다 말한다.

분명 초자연적 현상은 존재한다. 그런데 그 경험이란 게 개인별로 이루어지다 보니 과학으로 설명할 수 없는 영역이란 거, 왜냐하면 과학은 실증적으로 검증돼야 하니까. 그게 객관성이다. 같은 조건에서 실험했을 때 같은 결과를 도출하는 거, 그래야 일관된 설명이 가능하니까.

반면, 성령 체험이든 영적 각성이든 예지몽이든 심리 치료든 명상 효과든 수행 결과든 전생 체험이든, 이런 정서적이고 영적인 분야에서 나오는 현상은 사람마다 각기 다르다. 그러니 무슨 수로 과학적 증명이 가능할까. 집단 체험 정도 아니면 불가하다.

그런데 종종 개신교 부흥회나 가톨릭 피정에서 황홀경 같은 집단 체험을 경험하기도 한다. 그런 황홀경의 연장에서 환자의 병이 나을 때도 있다. 그리고 이런 개별 체험이 맹목적이고 맹신적 신앙에 이르게 하는 건 말할 것도 없다.

그러나 절박한 사람들의 염원이 어떤 과정을 통해 이루어지는지, 간절한 소원은 우주가 알아서 들어준다는 시크릿의 세계인지, 어차피 될 일은 된다는 영성의 세계인지, 여기서 속단할 수 없다.

그렇다고 굳이 심리학적 작용이나 뇌의 착각으로 설명하고 싶진 않다. 초월적 세계는 분명 존재하니까. 그러니 모르면 모르는 대로 신비의 영역에 놔두면 된다. 이를 확신의 영역으로 편입시키는 순간 합리적 사유가 닫혀 버리기에.

성인으로 추앙받는 공자조차도 사후세계를 물었을 때 모른다고 답했다. 믿음은 개인 자유지만 자신의 믿음을 타인에게 강요하는 건 죄악이고, 그건 사적 영역을 침범하기에 폭력에 해당한다. 마찬가지로 성경을 들이대며 문자 그대로를 진리라고 강요하는 것도 무지에 의한 폭력이다.

이런 폭력이 우리 일상을 지배하면 신앙은 좀비처럼 공포물로 넘어가고, 종교는 구태 중 구태로 사라져야 할 제도로 인식된다. 이때 판치는 게 이단이다. 성서에 대한 사전 지식과 정보 없이 이단의 교리를 접하면 그 권위에 무력해지기 쉽다. 그러니 자신의 사유에 믿음을 가져야 한다.

09 초대교회의 성립과 역할

'교회'와 '여인'

묵시록 12장은 '여인'과 '용'의 대립 관계를 주된 서사구조로 하고 있다. 용은 여인을 집요하게 따라다니며 괴롭히지만 결국 여인을 놓치고 만다. 용의 존재는 앞에서도 다뤘듯 "그 옛날의 뱀, 악마라고도 하고 사탄이라고도 하는 자, 온 세계를 속이던 그자"(묵시 12,9) 이다.

이보다 더 솔직하게 용을 소개할 수는 없다. 즉, 용은 하와를 유혹해서 타락시킨 에덴동산의 뱀으로, 그 뱀이 바로 악마 곧 사탄이란 얘기다.

그렇다면 용은 왜 하느님의 대적자가 되었을까?

묵시록 12장에 의하면 용은 하늘에서 미카엘 및 미카엘의 천사들과 전쟁하여(7절) 자신의 부하들과 함께 땅으로 쫓겨난 존재다(9절). 이제 하늘에는 더 이상 용과 용의 부하들을 위한 자리가 없었다(8절).

이 사실에 분개한 용은 사내아이를 낳은 여인을 쫓아간다(13절).

그러나 땅이 여인을 도왔다. 여인을 물로 휩쓸어 버리려고(15절) 용이 입에서 뿜어낸 강물을 마셔 버린 것이다(16절). 그러자 용은 여인 때문에 분개하여 여인의 나머지 후손들, 곧 하느님의 계명을 지키고 예수님의 증언을 간직하고 있는 이들과 싸우려고 그곳을 떠나갔다(17절).

갑자기 묵시록이 전래동화처럼 느껴지는 대목이다. 스토리가 살아 있다. 용과 여인의 쫓고 쫓기는 이야기가 드라마틱하다. 대체 용이 삼키려고 했던 '여인'이 누구길래?

태양을 입고 발밑에 달을 두고 머리에 열두 개 별로 된 관을 쓴 여인(1절)은 아기를 배고 있었는데, 해산의 진통과 괴로움으로 울부짖다가(2절) 아들을 낳았다. 그 사내아이는 쇠지팡이로 모든 민족을 다스릴 분이라, 하느님의 어좌로 들어 올려졌다(5절).

그러므로 여인이 낳은 아이는 만국을 다스릴 메시아 곧 구원자 예수이며, 여인은 메시아 예수의 어머니 곧 성모 마리아가 된다.

그런데 용은 왜 하늘에서 쫓겨난 분풀이를 여인에게 하려고 했을까?

그것은 그 여인이 메시아 곧 그리스도를 낳을 것으로 예정되어 있었기 때문이다. 그래서 용은 여인이 해산하기만 하면 아이를 삼켜 버리려고, 이제 막 해산하려는 그 여인 앞에 지켜 서 있었던(4절) 전력도 있다.

　이를 통해 우리는 여인의 아이가 그리스도로 자란 것이 아니라, 여인의 뱃속에서부터 그리스도였음을 추론할 수 있다. 선천적으로 이미 운명이 점지된 아이.

　또한 여인은 17절에서 보듯 예수의 어머니일 뿐만 아니라, 하느님의 계명을 지키고 예수님의 증언을 간직한 모든 이들의 조상으로 명명된다. 따라서 성모 마리아는 요한 묵시록이 쓰였던 1세기 전후에 이미 교회를 상징하는 인물이었음을 알 수 있다.

　이처럼 묵시록 12장은 한 편의 동화처럼 기승전결이 읽히는 서사형 이야기다. 구약스러운 용의 전투력과 신약스러운 여인의 방어력이 만나 극적 긴장감을 이룬다.

　그리고 천주교 성당과 신학교마다 있는 성모상의 존재 이유를 알려주는 문헌이기도 하다. 천주교는 이 성모상으로 인해 개신교로부터 이단이란 지적을 긴 시간 받아왔고 지금도 받고 있다.

　그렇다고 여기서 굳이 페미니즘적 성서 이해를 가져 오고 싶진 않다. 지금 한국 사회를 좀먹는 갈등 구조가 질리기도 하고 차별을 말하는 쪽에서 오히려 차별을 행하는 오류가 빈번히 일어나는 현실이기도 하기에.

　물론 구약이나 신약이나 여성 차별적 발언이 자주 눈에 띄는 건 사실이다. 창세기의 인간 창조에서부터 바오로 서신까지 성서가 기록되었던 그 당시 여성들의 위치에 대해 짐작하게 할 만한 구절들이 많다.

그러나 고대의 관습을 그대로 현대에도 적용한다면 오늘날 성서의 진리가 퇴색해 버린다. 그러므로 우리는 보다 섬세하고 정밀하게 성서를 해석할 자유와 책임을 갖는다.

이런 맥락에서 구약학자 김은규가 주목한 여신 '아세라'에 대한 소개는 성서 해석을 더 풍요롭게 한다. 그에 따르면 구약의 야훼 신과 가나안의 바알 종교는 이스라엘 역사 속에서 밀고 당기면서 첨예한 대립각을 세웠는데, 이런 야훼와 바알 틈새에 바로 여신 '아세라'가 있었다는 것이다.

고대에는 여신의 인기가 좋았다. 다산과 풍요의 상징이니 그럴밖에. 그중 레바논 지역에서는 아세라가 가나안 지역 최고신인 엘 또는 바알 신의 배우자였다고 한다.

그런데 유일신 사상이 유대교의 제1원칙이고 우상숭배 금지가 야훼를 섬기는 제1의 교리이자 덕목인 건 성서를 읽어본 사람이라면 다 아는 얘기다. 신명기와 역대기를 주축으로 구약성서 곳곳에서 바알과 아세라 척결을 외치고 있으니까.

그러나 고고학계에선 아세라와 야훼가 적대적인 경쟁 관계가 아니었다고 말한다. 아세라 여신이 야훼 신과 한 쌍을 이루었고, 아세라 여신의 기둥들이 곳곳에 많이 세워졌다.

사실 풍요와 다산을 상징하는 여신의 인기가 높은 것을 어떻게 막을 수 있을까. 다신교인 로마제국도 여신들의 인기가 높았는데. 인간의 욕망을 거스르는 일은 쉽지도 자연스럽지도 않다.

이처럼 뿌리 깊은 여신숭배 문화가 가톨릭의 마리아 숭배로 이어졌다 해도 하등 이상할 게 없다. 물론 이에 대한 반론도 만만치 않다. 그리스도교는 유일신 사상인데 어떻게 여신이 존재할 수 있느냐 하는 것.

그래서 여신보단 모성을 내세운 어머니를 부각한다. 마리아 앞에 항상 성모, 곧 '성스러운 어머니'가 수식어로 따라다니는 이유다. 여성은 안 되지만 어머니는 된다? 과연 어머니들이 좋아할까?

또한 교회의 고대 그리스어인 ἐκκλεσία(에클레시아)가 여성명사인 것도 교회를 '여인'으로 상징하는 데 낯설지 않다. 교인들이 모여 있는 곳, 영혼의 성장과 양육이 이뤄지는 공간이니 어머니를 상징으로 내세우는 게 이미지상 적합하기도 하다. 그러니 천주교를 너무 이단이라 몰아붙이지 말자.

그런데 1세기의 교인들만 힘들까. 인간으로서 살아가는 고단함은 현대의 우리에게도 해당한다. 그래서 성모상 앞에서 기도 좀 한다고 우상숭배라 몰아붙이는 건 과한 비판이다.

성서에서 믿음이 절실히 필요한 장면마다 여성이 등장한다는 거, 사마리아 여인이나 마리아와 마르타, 막달라 마리아 등 이 인물들이 여성이란 게 우연은 아닐 것이다.

구약의 예언자들 행보도, 신약의 예수님 행보도 당시 힘없고 약한 자들을 향해 있었다. 더구나 예수는 30대에 십자가 처형이란 극형을 당한 사람이다. 디아스포라로 남의 나라에서 교민으로 사는 것도 눈치 보이는데 극형을 당한 사람을 메시아로 믿는다?

이거야말로 기적이 아닐까. 목숨보다 소중한 게 어디 있다고 그걸 담보로 신앙생활을 할까. 그렇게 그리스도교는 유대교에서 분리된다.

그리고 콘스탄티누스 1세에 의해 그리스도교가 로마에서 승인받은 종교로 공인될 때까지, 그게 313년 밀라노 칙령이다. 이로써 그리스도교는 박해의 역사를 끝내고, 심지어 테오도시우스 1세는 380년 테살로니카 칙령을 선포해서 마침내 그리스도교는 로마의 국교 지위에 오른다.

이렇게 극적인 종교가 있을까 싶게 그리스도교는 이후 로마제국의 강대함에 힘입어 중세를 지배하게 된다. 16세기 종교개혁으로 구교와 신교가 나뉘었고, 한국에선 천주교와 개신교로 구분하지만, 이러나저러나 유대교로부터 분리된 랍비 예수를 메시아로 인정하는 종교라는 점에선 일치한다.

그러니 예수는 얼마나 대단한가! 민족종교인 유대교를 기반으로 세계종교인 그리스도교를 만든 장본인. 그리고 묵시록에는 바로 이 지점이 오롯이 담겨 있다.

> "우리가 우리 하느님의 종들의 이마에 인장을 찍을 때
> 까지 땅도 바다도 나무도 해치지 마라."
>
> 나는 인장을 받은 이들의 수가 십사만 사천 명이라고
> 들었습니다. 인장을 받은 이들은 이스라엘 자손들의
> 모든 지파에서 나온 사람들이었습니다.
>
> (요한묵시록 7장 3-4절)

구원받는 사람들의 숫자가 144,000명인 건 하느님의 종으로 인정받은 자가 이스라엘 12지파에서 각각 12,000명씩 나오기 때문이다. 이는 유대교적 발상이다. 그런데 여기에 그치지 않고 구원받을 자의 숫자가 급격히 확장된다.

> 그다음에 내가 보니, 아무도 수를 셀 수 없을 만큼 큰
> 무리가 있었습니다. 모든 민족과 종족과 백성과 언어
> 권에서 나온 그들은, 희고 긴 겉옷을 입고 손에는 야
> 자나무 가지를 들고서 어좌 앞에 또 어린양
> 앞에 서 있었습니다.
>
> 그들이 큰소리로 외쳤습니다. "구원은 어좌에 앉아 계
> 신 우리 하느님과 어린양의 것입니다."
>
> (요한묵시록 7장 9-10절)

'어린양'은 예수의 상징이다. 예수 등장만으로 요한 묵시록이 신약이란 걸 알 수 있는데 여기서 구원받는 자들은 '아무도 수를 셀 수 없을 만큼 큰 무리'라고 표현된다.

144,000명이란 정해진 숫자가 유대교 전통에서 나온 수라면, 큰 무리는 그리스도교적 보편성에 기인한 것이라 하겠다. 이를 다시 '모든 민족과 종족과 백성과 언어권에서 나온 그들'이라고 변주함으로써 구원의 대상이 인류 전체임을 명시한다. 세계종교로서의 비전이 보이는 장면이다.

하인리히 크라프트 "우리가 묵시록을 큰 소리로 읽는다면 이 묵시록이 처음부터 공동체 모임에서 낭독하기 위한 것으로 정해져 있었다는 것을 알게 된다. 문장들의 화음은 이 의도적인 낭독이 우리가 성가음창을 할 때 받게 되는 그와 같은 인상을 불러일으킨다."라고 주장했다.

지금의 우리는 번역문으로 읽기에 성가음창을 잘 느낄 수 없지만 그래도 간간이 가톨릭 미사 중 사용하는 기도문의 리드미컬한 음감을 느낄 수 있다.

특히 "거룩하시다, 거룩하시다, 거룩하시다, 전능하신 주 하느님 전에도 계셨고 지금도 계시며 또 앞으로 오실 분!"(묵시 4,8)처럼 지금도 불리는 '거룩송'의 출처가 묵시록이란 사실.

그리고 예배의 목적이 '하느님께 경배'(묵시 4,10) 하기 위해서임도

밝히고 있다. 그러니 알면 알수록 묵시록은 놀라운 책이다. 그래서 신학자들의 우려에도 요한 묵시록이 성경에 들어와 있는 건 아닌지.

예배의 형태와 목적까지 자세하게 안내하고 있는 책, 그래서 묵시록이 비밀의 책이란 게 전혀 어울리지 않는다. 이처럼 친절하고 자상한 책이 음해와 모략을 받고 있는 현실이 안타깝다.

묵시록을 딱 피면 1장 1절에 이 책 전문에 대한 정보가 전부 담겨 있다. 중심문장을 먼저 쓰는 두괄식을 선택한 저자 요한의 명석함과 깔끔함이 새삼 느껴지는 대목이다.

> 예수 그리스도의 계시. 하느님께서 머지않아 반드시 일어날 일들을 당신 종들에게 보여 주시려고 그리스도께 알려졌고, 그리스도께서 당신 천사를 보내시어 당신 종 요한에게 알려 주신 계시입니다.
>
> (요한묵시록 1장 1절)

'반드시 일어날 일'에 '머지않아'가 덧붙어 팽팽히 긴장된 종말론적 관점이 드러난다. 이런 표현은 모든 일이 하느님에 의해 미리 계획되어 있다는 계시로, 여기서 고통받는 그리스도인들은 확신과 위로를 받는다.

그리고 저자 요한의 시점은 전적으로 현재와 미래를 향해 있는데, 이때 묵시록은 신약의 보편성과 만난다. 이 책은 '당신 종들'이 모여 있는 곳, 바로 교회에 보내는 편지이기에.

요한은 파트모스섬(밧모섬)에 유배되어 있었으나 당시 교회들의 상황을 잘 알고 있었다. 그는 일곱 교회의 개별적인 상황에 밝았다. 그래서 편지에 각각 교회마다 다르게 칭찬하고 일부 경고하면서 하나의 방향을 지시한다. 황제숭배의식은 우상숭배라고.

그리고 그리스도인들은 교회를 중심으로 뭉치라고, 그러면 "내가 내 아버지에게서 받았듯이 그 사람도 나에게서 받는 것이다. 나는 또 그에게 샛별을 주겠다."(묵시 2,28) 라고.

이렇게 "거룩한 산 시온 위에 세운 임금"의 "쇠지팡이"는 "세상의 통치자들을 징계"(시편 2,6-10) 하는 도구에서 "승리자"에게 "민족들을 다스리는 권한"(묵시 2,26) 의 통치 도구로 승계된다.

여기서 쇠지팡이를 받는 통치자는 구약의 '임금'에서 신약은 '예수와 예수를 따르는 그리스도인들'로 확장됨을 알 수 있다. 그래서 이를 전하는 성령의 존재가 더 중요해진다. 삼위일체가 다시 부각되는 지점이다.

승리자들 모두가 다른 공간에서 동일한 권력을 행사하려면 물리적 제약이 없는 성령의 활동이 필수적이다. 모여 있지 않아도 하나임을 증명하는 것, 그건 성령 외에 달리 다른 방법이 없다.

그래서 신약에선 천사가 아닌 성령의 활약상이 크다. 마리아가 잉태한 예수는 성령으로 말미암은 것이고(마태 1,20), 우리 신앙의 신비는 그분께서 사람으로 나타나시고 그 옳으심이 성령으로 입증되셨으며(1티모 3,16), 그 일들이 하늘에서 파견된 성령의 도움으로 복음을 전한 이들을 통하여 선포되었다(1베드 1,12).

보이지 않는 것을 믿는 일, 그게 약하고 두려움 많은 인간에게 쉬운 일은 아니다. 그래서 신비가 필요하고 때론 기적도 필요하다. 하지만 우리가 얼마나 나약하고 비겁한 존재인지 그걸 먼저 인정한다면, 지금의 '나'보다 더 나은 존재가 되기 위한 신앙은 괜찮지 않을까 싶다.

다만 인간의 얼굴을 한 종교를 이해하지 못한다면 신앙인이 되는 걸 생각해봐야 한다. 종교는 시대와 역사 아래 형성된 제도권 문화이다. 즉 사회 유지와 발전에 기여하도록 만든 문화 시스템, 그러니까 특정 종교를 가지고 무결점 무오류를 얘기하며 절대화한다면 정작 영혼의 성장에는 전혀 도움이 되지 않는다. 당연하지 않은가?

사회 구성원으로서 제도를 따르는 행위는 공적 영역의 일이다. 그래서 종교의 자유가 있는 나라에서도 제도권 종교를 권장한다. 그래야 보호받고 감시받으니까. 신호등을 지키는 행위가 개인의 선택이 아닌 것처럼.

이것과 신앙은 다른 범주다. 신앙은 개인의 선택과 통제 아래 놓인 불가침 사적 영역으로 타자와 사회로부터 완전히 자유로워야 한다. 물론 남의 자유를 침해하지 않는 선에서.

그러니까 교통신호체계 같은 외적 기준이 제도의 영역이라면, 그 길을 차로 갈지 자전거로 갈지 걸어서 갈지 아예 안 갈지 그건 개인의 선택이란 말이다. 여기서 전자가 종교라면 후자는 신앙에 가깝다.

예를 들어, 기독교의 경우 성경은 정해진 텍스트지만 성서 해석의 자유는 개인의 몫이다. 이때 전자는 제도 영역인 종교의 문제고, 후자는 사적 영역인 신앙의 문제다.

그리고 이탈리아처럼 종교학이 학교 교과목으로 들어간 나라나 독일처럼 종교세를 국가에서 걷으면 공적 제도고, 우리나라처럼 제도권 종교들이 있으나 강제성이 없으면 사적 제도다. 정리하면, 기준은 개인의 선택권이다.

우리가 질적으로 풍요로운 삶을 살려면 선택의 폭이 다양해야 하는데, 우리나라 대한민국은 종교의 선택권이 있는 다원주의 사회다. 얼마나 고마운 일인가, 태어나보니 종교의 자유가 있는 나라.

비교종교학을 공부해도 아무런 제재나 억압이 없다. 특정 종교가 국교인 나라가 아니라는 거, 이건 굉장한 행운이고 축복이다. 삶의 질감이 그만큼 흥미롭고 풍부해지는 일이므로.

그런데 이런 자유를 온전히 누리지 못하고 성서 해석의 설렘도 없이 가톨릭은 이단이야, 성모상을 우상 숭배해, 이렇게 규정한다면 바로 이런 근본주의가 가장 좋아하는 성경 무오류설에도 맞지 않는다.

요한 계시록에 버젓이 나와 있는 내용을 무시하는 것이기에. 더하여 진리가 우릴 자유롭게 한댔는데 사회가 인정한 제도권 종교를 손가락질함으로써 신앙의 스펙트럼을 줄이고 종교를 교조화하는 일이 되는 것이다.

10 사탄과 우상의 관계

심판의 '봉인'과 '나팔'과 '대접'

묵시록은 보복과 심판의 결정판으로 복수의 완성형이다. 그래서 묵시록을 잘 모르는 사람이 읽다 보면 온통 피로 얼룩져 있고, 그러다 보니 인류의 멸망을 예언하는 세상 끝장내는 종말론으로 오해한다.

그도 그럴 것이 7개의 봉인을 열 때마다, 7개의 나팔을 불 때마다, 7개의 대접이 쏟아질 때마다 재앙이 폭포처럼 쏟아지니 어쩔, 이걸 달리 뭐라 생각할 수 있을까. 이래서 아포칼립스 곧 종말이랄밖에.

재앙의 종류도 다양하다. 인간에게 가장 가혹한 사건들, 예를 들어 전쟁, 전염병, 자연재해 등 잔혹한 장면들을 쉬지 않고 반복해서 나열한다. 갈피갈피 온통 어둡고 두려운 내용들이다. 비명과 피범벅의 텍스트.

게다가 분량 면에서도 심판받는 장면이 압도적으로 많다. 7개의 심판 시리즈 삼세판 말고도 교회로 보낸 편지 내용에도 우상숭배 시 받을 경고는 심판 대목이다. 더 놀라운 건 이게 본격 심판에 앞선 옵션에 불과하다는 것.

심판의 핵심은 뭐니 뭐니해도 용과 짐승, 바빌론 탕녀에 대한 영벌이다. 이들 세트, 악의 무리 세트는 심판의 고통을 죽어도 죽지 못한 채 영원토록 받는다. 영원히 끝나지 않는 고문이라니 정말 이보다 더 잔인할 수 있을까.

이처럼 내용의 강렬함과 지면의 과다함으로 묵시록은 읽기가 무섭다는 평가에 시달려왔다. 실제로 내용이 그러하니 부인할 수도 없다. 대체 어떤 심판들이길래?

먼저 봉인부터 풀어보면, 유대인들에게 봉인은 익숙한 관습이다. 계약 당사자만 계약서의 봉인을 풀 수 있는 자격이 주어지고, 자격이 있는 계약자인지 보증하기 위해선 증인 2명이 필요하다.

그런데 왜 2명일까? 그거야 증인 1명으론 증언의 신뢰를 담보할 수 없어서. 그래서 최소 2명으로 증인 효력의 성립 조건을 명시해 놓은 것이다. 그리고 이것은 유대인들의 오래된 전통과 관습이다.

다니엘서 13장에도 증인이 2명이어서 증언 효력이 발휘되는 장면이 있다. 미모의 여인 수산나가 늙은 양아치 2명의 계략으로 억울하게 죽임을 당할 위기에 처했을 때 다니엘이 짠~ 나타나 수산나를 구하는 스토리, 거기서도 두 증인이 나온다.

이렇게 익숙한 '두 증인'이 유대 전통과 관습에 익숙한 저자 요한에 의해 묵시록 11장에 깜짝 출현했다고 해서 새로울 건 없다. 다만 이 부분도 시공을 넘어 우리나라에 도착하면 증인 2명의 실체를 놓고 온갖 기이한 해석들이 난무하게 된다는 말씀.

어쨌든 믿을 만한 두 증인은 나팔 심판 때 화려하게 주목받으며 등장하고, 가장 먼저는 계약의 신뢰를 전제로 한 7개의 봉인이 차례로 뜯기며 삼세판 시리즈 심판이 시작된다.

봉인 심판을 주요 핵심어로 장면 정리하면 ① 흰말+활, ② 붉은 말+큰 칼, ③ 검은 말+저울, ④ 푸르스름한 말+죽음+저승 [칼, 굶주림, 흑사병, 들짐승], ⑤ 순교자 영혼 위로, ⑥ 큰 지진+검은 해+붉은 달, ⑦ 침묵+일곱 나팔+금향로 [천둥, 번개, 지진] 순서로 재앙이 일어난다.

이때 활과 칼은 대적자를 치는 도구고, 저울은 정의의 상징, 자연의 이상 현상들은 종말적 사건을 의미한다. 그런데 여기서 특이한 상황은 순교자 영혼을 위로하는 장면이다.

> 어린양이 다섯째 봉인을 뜯으셨을 때, 나는 하느님의 말씀과 자기들이 한 증언 때문에 살해된 이들의 영혼이 제단 아래에 있는 것을 보았습니다.
>
> 그런데 그들이 큰소리로 외쳤습니다. "거룩하시고 참되신 주님, 저희가 흘린 피에 대하여 땅의 주민들을 심판하고

> 복수하시는 것을 언제까지 미루시렵니까?"
>
> 그러자 그들 각자에게 희고 긴 겉옷이 주어졌습니다.
> 그리고 그들은 자기들처럼 죽임을 당할 동료 종들과
> 형제들의 수가 찰 때까지 조금 더 쉬고 있으라는
> 분부를 받았습니다.
>
> (요한묵시록 6장 9-11절)

여기서 부상으로 주어진 '희고 긴 겉옷'은 의로운 행실(묵시 19,8)을 치하하는 표창장 같은 보상품이다. 그러나 그렇게 '의인'이라고 인정만 받았을 뿐 아직 최종 보상의 시기가 오지 않아 여전히 인내하고 기다려야 했다.

그래서 순교자들의 영혼은 주님이 어서 빨리 대적자들을 심판하고 복수해주셨으면 좋겠는데 그 시기가 자꾸 미뤄지니 답답해서 하소연한다. 언제까지 기다려?

이는 당시 그리스도인들이 예수 재림은 곧 일어날 사건이라는 기대로 핍박을 버티고 있는 상황에서, 현재 진행 중인 박해에 대한 현실 인식을 드러내는 대목이다. '수가 찰 때까지' 즉, 순교의 희생이 계속 더 일어나도 동요하지 말고 끝까지 우상숭배 하지 말라는 지시라고 하겠다.

사람 목숨이 그때나 지금이나 가장 소중한 가치인데 이를 역행하는 일이 신앙인이라고 쉬웠을까. 마지막 때가 유예됨에 따라 불안해지는 그 맘을 저자도 알고 있기에 나온 장면이라 인상적이면서도 애틋하다.

그리고 일곱 번째 봉인을 뜯을 때 일곱 개의 나팔 소리가 들리는데 이때마다 벌어지는 참상이 또한 끔찍하다.

① 피 섞인 우박+불 [땅의 1/3, 나무 1/3, 푸른 풀이 탐]
② 불타는 큰 산 같은 것이 바다에 던져짐. [바다 1/3이 피가 됨, 바다 생물 1/3이 죽음, 배들 1/3이 부서짐]
③ 큰 별 '쓴흰쑥'이 하늘에서 떨어져 강물 1/3과 샘들 덮침. [물 1/3이 쓴 물이 되어 그 물 마신 자 죽음]
④ 해 1/3, 달 1/3, 별 1/3이 타격을 받아 어두워짐.
⑤ 하늘에서 떨어진 별이 지하의 임금(아바똔=아폴리온)이 됨. [사람 얼굴을 한 메뚜기들이 하느님의 인장이 없는 사람들을 5달 동안 죽이지도 않고 죽음보다 더 괴롭힘]
⑥ 유프라테스강에 묶여 있는 네 천사를 풀어 사람 1/3 죽임. [갑옷 입은 말 탄 자들의 입에서 불, 연기, 유황 나옴]
⑦ 그리스도 나라 선포, 죽은 이들 심판. [계약 궤, 번개, 천둥, 지진, 큰 우박]

나팔이 불 때마다 생기는 재앙은 자연재해만으론 설명이 안 되는,

그 이상의 자연 붕괴로 이야말로 세상에서 말하는 묵시록적 광경이다. 하늘은 어둡고, 땅과 바다는 피로 홍건하고, 번개와 천둥과 지진과 우박에, 먹는 물은 오염되고, 사람 얼굴을 한 메뚜기떼가 인간을 죽을 정도로 괴롭히는 상황.

그런데 죽지도 못하고, 죽지 못해 살아야 하는 종말의 시간이다. 이 와중에 불, 연기, 유황에 인간 3분의 1이 죽어 나간다. 하나같이 심각한 환난의 재앙들인데 이중 가장 특이한 것은 5번째 나팔이다.

> 다섯째 천사가 나팔을 불었습니다. 그때에 나는 하늘에서 땅으로 떨어진 별 하나를 보았는데, 그 별에게 지하로 내려가는 구렁의 열쇠가 주어졌습니다.
>
> (요한묵시록 9장 1절)

하늘에서 전쟁을 벌인 천사가 땅으로 떨어져 사탄 곧 대적자가 되었다는 설명이다. 이 모티브는 루시퍼란 캐릭터로 많은 영화와 소설의 소재로 활용되었다.

인간을 질투한 천사, 그래서 하느님께 대들다가 타락한 천사로 "하늘에서 전쟁이 벌어져 미카엘과 그의 천사들이 용과 싸운 것"(묵시 12,7)이란 묘사로 그 타락 천사가 용 곧 사탄으로 변질했음을 확인해 준다.

그래서 하느님과 사탄의 싸움 내지는 예수와 사탄의 싸움이 참으로 길고도 질겼던 것이다. 대적자 사탄의 존재가 만만치 않아서. 그러면 마지막 때에 심판의 시간이 왜 이리도 길고도 지독한지가 이해된다.

더구나 순교자들과 박해받은 교인들에게 확실한 비전과 위안을 주려면 심판은 응당 가해자들에게 압도적인 비극이어야 했다. 그래도 피해자들과 함께 살아가야 할 세상인데 다 같이 먹을 물마저 오염시키면 어쩔.

그래서 풀, 나무, 바다, 땅, 해, 달, 별 등등을 상징으로 해석하기도 한다. 그러나 이런 경우 구체적인 인물이나 지명의 대입이 해석상의 자의성 때문에 이단으로 가기 쉽다는 거, 실제로 눈앞에 존재하는 사람과 공간으로 한정하는 해석이 얼마나 위험한지는 강조하지 않아도 알 것이다.

그러나 계시받은 자만이 요한 계시록을 해석할 수 있다는 발상은 봉인에 대한 오해로 강화된다.

> 이 모든 것에 대한 환시는 너희에게, 봉인된 문서의 말씀처럼 되어버렸다. 그래서 사람들이 글을 아는 이에게 "이것 좀 읽어 주시오." 하고 그것을 내주면, 그는 "봉인되어 있어서 못 읽겠소." 하고 대답한다.

> 그리고 글을 모르는 이에게 "이것 좀 읽어 주시오." 하고 그 문서를 내주면, 그는 "나는 글을 모르오." 하고 대답한다.
>
> (이사야서 29장 11-12절)

여기서 '봉인된 문서의 말씀'은 글을 아는 자도 해석을 못 하고, 글을 모르는 자도 해석을 못 한다. 전자는 봉인되어 있으니 내용이 보이지 않아서, 내용을 볼 수 없는데 글을 안다고 읽을 수 있을까. 후자는 글을 모르는 사람한테 읽어달라는 자가 무례한 거고.

이사야서의 이 구절로 인해 봉인된 문서는 누구도 읽을 수 없는 비밀스러운 텍스트가 되었다. 이는 다니엘서에 의해 반복됨으로써 신뢰를 얻는다.

> 다니엘아, 너는 마지막 때까지 이 말씀을 비밀에 부치고 이 책을 봉인해 두어라. 많은 이가 이리저리 돌아다니며 더 많은 깨달음을 얻을 것이다.
>
> (다니엘서 12장 4절)

책을 봉인한다는 것의 의미가 말씀을 비밀에 부치기 위함인 것처럼 읽힌다. 왜냐, 마지막 때까지 책의 내용이 알려져선 안 되므로. 이로써 봉인은 누구도 못 읽게 가려놓는 역할로 규정된다. 그러다 보니 마지막 때까지 책은 해석되지 못하는 게 당연해 보인다. 대체 어떤 책이길래?

다니엘서에 언급된 책은 재앙의 때에 구원받을 수 있는 생명책이다. "책에 쓰인 이들은 모두 구원을 받으리라."(다니 12,1) 했다. 여기서 재앙의 때가 마지막 때이니 이 생명책은 묵시록에 기록된 생명책과 같은 책이다.

이렇게 묵시록의 봉인 효과는 극대화되고 묵시록은 아무나 읽을 수 없는 책처럼 보였다. 그러나 묵시록 자체가 곧 생명책은 아니다. 그리고 생명책의 기록은 종말의 때가 닥쳐야 비로소 누가 죽고 누가 사는지 결판이 난다.

어차피 묵시록의 구조상 그전까지는 내가 죽을지 살지 알 수가 없다. 생명책의 완성이 마지막 때 결정 나므로 최후의 심판 전까지 생명책은 미완의 책이다. 정보가 불완전해서 그전에 본다 한들 정확한 내용을 알 수 없다.

즉, 생명책은 봉인된 비밀문서로 계약 당사자 간 약속도 필요하고 약속 이행에 대한 보상도 필요하다. 다시 말해, 너희가 우상 숭배하지 않으면 영생을 보장해주겠다는 약속이 선행되어야 하고, 이후 약속에 따라 보상해주려면 약속 이행 기간 내 우상을 숭배하지 않았다는 행위를 검증해야 한다.

이 말은 봉인이 됐든 안 됐든 생명책 내용은 무조건 마지막 때 완성된다는 것이다. 그러니 비밀에 부치는 게 약속 효력에 아무런 영향도 미치지 않는다.

더구나 생명책이 묵시록도 아니다. 생명책을 상징으로 보든 실상으로 보든 그건 개인의 선택이나 어느 쪽으로 봐도 묵시록은 생명책과 달리 총 22장으로 완성된 책이다. 그러니까 묵시록은 완성본이고 생명책은 미완의 문서란 얘기다.

또한 책의 내용도 묵시록은 당시 유대인의 관습과 전통에 익숙한 그리스도인이라면 모두 알 만한 내용으로 저술되었다면, 생명책은 마지막 심판 때에야 비로소 그 내용을 알 수 있다. 생명책에 기록된 사람들의 행위가 끝나야 하므로.

그러니 묵시록을 읽을 수 있는 사람이 따로 존재한다는 망상에서 벗어나자. 생명책은 과정상에 있는 문서라서 중간에 읽어봐야 미완의 기록물이라 결론을 알 수 없다. 반면 묵시록은 시작부터 끝까지 논리적으로 서사가 완결된 책이다. 더하여 저자 요한의 친절한 설명이 각주처럼 붙어 있는 완성형 저서다.

이제 드디어 심판 시리즈 중 세 번째 재앙인 7개의 대접이 엎어지는데 이 역시 잔인하기 이를 데 없다.

① 짐승의 표 지닌 사람들과 우상 숭배자들에게 고약하고 지독한 종기 생김.

② 바다가 죽은 사람의 피처럼 되어 바다 생물 다 죽음.

③ 강과 샘의 물이 피가 됨.

④ 해가 사람들을 불로 태움. (회개 안 함)

⑤ 나라가 어둠으로 변하고 사람들은 괴로움에 자기 혀를 깨묾. (회개 안 함)

⑥ 유프라테스강이 마름, 더러운 영들이 하르마게돈으로 임금들을 불러 모음.

⑦ 번개, 천둥, 큰 지진, 대바빌론 몰락, 엄청난 우박들. (하느님을 모독)

시리즈 심판 중 마지막 일곱 재앙은 특히 '하느님의 분노'가 가득 담긴 금 대접(묵시 15,1)을 엎는 것이라 그 강도가 세고 대상도 명확하다.

특히 '하르마게돈'은 게임이나 영화에서 세기말적 종말 분위기를 연출할 때 등장하는 아마겟돈을 말한다. 흔히 아마겟돈 전쟁이라 하면 인류 최후의 선악 싸움, 그래서 결국 인류가 모두 다 죽음을 맞이하게 되는 상황을 가리키는 상징어가 되었다.

더 나아가 미국에선 걷잡을 수 없는 산불 화재 뉴스를 내보낼 때 '아마겟돈'이란 자막으로 상황의 심각성을 알리기도 한다. 아마겟돈이 기독교 국가에서 종말과 관련해 일상용어가 된 사례라 하겠다. 이처럼 묵시록은 강렬한 이미지로 우리 삶에 스며들어 있다.

그리고 드디어 대바빌론의 몰락이 시작된다. 바빌론 몰락은 묵시록 16장 일곱 번째 대접에서 시작해 17장에선 몰락 과정이 상세화 구체화 되고, 마침내 18장에서 완전히 패망하는데 그 몰락 정도가 대단히 비참하다.

로마의 몰락은 그만큼 쉽게 이루어지지 않지만 그래도 가장 바라는 바이므로 이 대목이 강조되는 건 자연스럽다.

그런데 심판 내용을 보면 해가 사라져 낮에도 어둡고, 악성 종기가 발생하고, 강과 샘물이 피가 되어 먹을 물이 없어지고, 엄청난 우박으로 피해를 입고, 사람들이 괴로움에 울부짖고 하는 등 어디서 많이 본 장면들이 떠오른다. 어디서 봤을까?

그렇다, 모세가 이집트에서 히브리인들을 데리고 나올 때 이집트 파라오가 순순히 노예들을 풀어주지 않자 가해진 재앙들, 즉 하느님이 이집트인들에게 내린 심판이 연상된다. 이때의 10가지 재앙이 묵시록의 재앙과 많이 겹친다.

① 모든 물이 피가 됨, ② 개구리떼 출몰, ③ 이, ④ 파리떼, ⑤ 가축 돌림병, ⑥ 악성 종기, ⑦ 우박, ⑧ 메뚜기떼, ⑨ 흑암, ⑩ 장자의 죽음.

대단히 비슷하지 않은가! 인간의 생존을 위협하는 재앙들이 그 종류가 크게 다를 수 없다. 그러니까 묵시록의 심판 내용과 이집트 탈출 때의 심판 내용에 교집합이 생기는 건 당연하다.

사실 우리를 공포와 두려움에 빠뜨리는 묵시록의 심판은 오래된 재앙 매뉴얼을 신화의 원형상징처럼 활용했다는 거, 그러니 실제 심판과 신화적 이미지를 구분하지 못한다면 그야말로 현실에서 문제를 일으키지 않을 수 없다.

또한 심판의 내용이 잔인하고 가혹한 건 가해자에 대한 처절한 보복과 응징이 피해자를 위로하며 고통스러운 현실을 견디게 하기 때문이다. 다만 그 재앙들이 동서고금을 막론하고 유사한 건 인간이 살아가는 환경과 생존 조건이 유사해서, 그뿐이다.

11 민족, 인류, 선민

언약과 천년 통치

묵시록은 구약에서 신약으로 넘어가는 과도기적 서사를 가지고 있다. 그러다 보니 구약의 구절이 반 넘게 인용돼 있어서 유대교 세계관을 모르면 오해하기 쉽다. 동시에 어린양의 등장으로 신약의 세계관도 드러나 있어 이들이 공존하는 모습을 볼 수 있다.

이 중 하느님의 인장을 받은 144,400명, 그들은 1순위 구원 대상자라 할 수 있는데 12지파에서 각각 12,000명씩 나온 인원이다(묵시 7,4).

이는 유대민족에 대한 자부심이 드러나는 대목이다. 이스라엘 자손들의 모든 지파 곧 12지파에서 고르게 평등하게. 그래서 말도 많고 탈도 많은 십사만 사천 명만 구원받고 나머지 인류는 다 죽는 거냐 하는 의문.

이런 문제를 해결하는 대목이 "아무도 수를 셀 수 없을 만큼 큰 무리"가 존재하고, 이들을 가리켜 "모든 민족과 종족과 백성과 언어권에서 나온 그들"(묵시 7,9) 이라고 설명해 놓았다.

이로써 유대민족 12지파만 구원 대상자가 아니라 전 인류가 다 구원 대상자로 확대된다. 그리스도교의 글로벌적 세계관이 드러나는 구절이다.

> *주님께서는 두루마리를 받아 봉인을 뜯기에 합당하십니다.*
> *주님께서 살해되시고 또 주님의 피로 모든 종족과 언어와*
> *백성과 민족 가운데에서 사람들을 속량하시어*
> *하느님께 바치셨기 때문입니다.*
>
> (요한묵시록 5장 9절)

예수의 죽음이 '모든 종족과 언어와 백성과 민족'을 위한 것이기에 그리스도교는 내적으로 이미 세계화의 잠재력을 갖는다. 묵시록엔 이 네 가지 용어 '민족, 백성, 언어, 나라'가 유독 많이 등장한다.

나라 대신 종족이 쓰일 때도 있으나 의미는 같다. 이 용어들은 서로 등가적인 의미로 사용되기에 문장 안에서 단어가 쓰인 순서는 중요치 않다.

그래서 네 용어의 순서가 문장마다 일정하지 않게 나타난다. 그보다 중요한 건 이 네 가지 용어가 합쳐서 '세상'을 의미하고, 네 단어 각각도 '세상'을 의미한다는 것이다. 물론 이 '세상'이란 단어는 '세상 사람들'을 포함한다.

온 세상 사람들이 모두 '짐승'의 지배를 받는 만큼 복음을 전할 대상도 온 세상 사람들이 되는 것이다. '민족'과 '언어'를 넘어서, '나라'와 '백성'의 경계 없이.

이는 당시 로마제국이 곧 세상 전체를 가리킬 만큼 대단한 위상을 지녔기에 그럴 수 있다. 놀라운 일이다! 로마의 핍박 때문에 묵시록이 쓰였으나 그 묵시록 안에 로마의 세계화 정신이 있다니.

아브라함에게 약속하신 야훼의 복은 "너를 큰 민족이 되게 하리라"(창세 12,2)였다. 그런데 요한 묵시록에선 "모든 나라와 민족과 언어와 백성들" 전부가 복음의 대상이다.

이처럼 유다인들의 세계관이 확장되면서 기존의 메시아관도 변화하는 것을 볼 수 있다. 이를 통해 우리는 묵시문학의 유다적 전통이 요한 묵시록에서 새롭게 계승되고 있음을 시사 받는다.

또 그리스도인들이 유다인을 넘어선 자리에서 하느님의 위치를 재발견하게 한다. 그런 하느님이, 즉 우리 모두의 하느님이 '용'의 권세를 허락하셨고, 그 '용'의 대리자인 '짐승'이 '성도들과 싸워 이길 힘'을 받는 것도 제지하지 않고 지켜보셨다.

따라서 그리스도인들의 고난이 한번 시작되면 과정 중에 멈출 수도 없으며, 때가 차길 기다려야 하고, 이 시기가 지나갈 때까지 인내해야 한다. 그런데 왜?

대체 왜 이 정해진 고난을 감내해야 하는지 성도들도 의심이 들지 않을 수 없다. 그래서 하느님은 '욥'을 통해 사람에게는 고난의 이유를 물을 권리가 주어지지 않았음을 말씀해 놓으셨다.

그렇다면 세상 모든 일이 다 하느님의 뜻이며 계획인데, 우리가 언제 자율 의지를 발휘할 수 있는지 의구심이 든다. 정녕 내가 선택할 수 있는 '나'의 운명이란 없는 건가?

이에 대한 해답으로 묵시록엔 이미 죽었던 자를 부활시켜 심판도 하고, 마지막 심판을 미뤄 천년 간의 유예기간을 갖기도 한다. 이런 과정상의 다층성은 억울한 사람이 생기지 않게 하기 위해서다.

그래서 첫 번째 부활이 있고 두 번째 죽음도 있는 것이다.

> 나머지 죽은 이들은 천년이 끝날 때까지 살아나지 못하였습니다. 이것이 첫 번째 부활입니다.
>
> 첫 번째 부활에 참여하는 이는 행복하고 또 거룩한 사람입니다. 그러한 이들에 대해서는 두 번째 죽음이 아무런 권한도 갖고 있지 않습니다. 그들은 하느님과 그리스도의 사제가 되어, 그분과 함께 천년 동안 다스릴 것입니다.
>
> (요한묵시록 20장 5-6절)

이처럼 죽은 자들 가운데 '첫 번째 부활'에 참여한 사람들이 생긴다. 이들은 마지막 심판 때 다시 심판받지 않는다. 이미 '의인'으로 인정받았기 때문에 다른 검증 절차 없이 '하느님과 그리스도의 사제'로 천년 동안 세상을 다스릴 것이다.

그런데 이런 특별한 권리와 임무를 가진 자들이 누구길래?

> 나는 또 어좌들을 보았는데, 그 위에 앉은 이들에게 심판할 권한이 주어졌습니다. 그리고 예수님에 대한 증언과 하느님의 말씀 때문에 목이 잘린 이들의 영혼을 보았습니다. 그들은 그 짐승이나 그의 상에 경배하지도 않고 이마와 손에 표를 받지도 않은 사람들입니다. 그들은 살아나서 그리스도와 함께 천년 동안 다스렸습니다.
>
> (요한묵시록 20장 4절)

이 친절한 책은 천 년간의 통치 기간을 다스릴 지도자들이 '순교자들의 영'이라고 설명한다. 그러니까 살아서 휴거 된 사람들은 이 리더 그룹에 속하지 않는다. 순교자들이 살아나는 것, 이를 '첫째 부활'이라고 했으니까.

그런데 이 지점에서도 해석의 다양성을 틈타 순교자들의 영과 산 자들의 육신이 결합해 144,000명의 제사장으로 변화한다고 주장하는 교회가 있다.

이 주장을 처음에 들으면 터무니없겠지만 이걸 진심으로 믿기까지 성경 구절들이 대거 동원된다는 것. 그래서 우리 교회는 성경 말씀대로만 이루어지는 유일한 곳이라고 해당 신도들이 자부한다.

예수님한테 하느님의 영이 왔을 때 하나가 됐듯이 산 자에게 죽은 자들의 영이 와서 하나가 되면 새로운 몸으로 변화해 영생하게 되고, 그들이 천 년간 제사장 노릇을 한다는 것이다.

이에 대한 예언이 계시록 19장 혼인 잔치로 표현돼 있다고, 그리고 그 숫자가 하느님의 인 맞은 144,000명이란 것. 즉, 이들 순교자의 영이 부활해서 천년 동안 사제직을 수행할 때 육신을 담당하는 쪽이 교인들이란 주장.

그래서 이 부분도 이단 시비가 참 많은 대목이다. 십사만 사천 명이 왕 같은 제사장이 된다고 하니, 그것도 살아서, 정식 교인이 되는 순간 삶의 중심이 교회와 전도로 바뀌는 건 예측 가능한 수순이다.

성경 구절을 하나하나 짚어가며, 봐라! 성경에 육체 영생이 있지 않냐, 성경은 무오류한데 우리가 성경 말씀을 따라야지, 인간의 말을 따르는 게 맞냐, 이렇게 설득한다.

> **자, 내가 여러분에게 신비 하나를 말해 주겠습니다. 우리 모두 죽지 않고 다 변화할 것입니다.**

> 순식간에, 눈 깜박할 사이에, 마지막 나팔 소리에 그리될 것입니다. 나팔이 울리면 죽은 이들이 썩지 않는 몸으로 되살아나고 우리는 변화할 것입니다.
>
> 이 썩는 몸은 썩지 않는 것을 입고 이 죽는 몸은 죽지 않는 것을 입어야 합니다.
>
> (코린토 첫째 서간 15장 51-53절)

이처럼 '마지막 나팔 소리'의 신비로, '순식간에 눈 깜박할 사이에' 죽은 자는 되살아나고 산 자도 '썩지 않는 몸'으로 변화한다. 이 정도 되면 성경의 권위에 눌려 스스로 사유하지 못하는 사람들은 진짜 그런 것도 같다.

순진하고 순수한 사람들일수록 잘 믿는다. 그래서 이단에는 착한 사람이 많다고들 자평한다. 세상에 속아서 지친 사람들이 이단으로 흡수되고 다시 그곳에서 속는 악순환의 무한반복 어쩔.

그리고 코린토 서간의 이 말씀에는 각자 자신의 육신이 변화할 뿐 죽은 자의 영혼이 산 자와 결합해 현재의 육신이 새롭게 변한다고 적혀 있지 않다.

여기서 '썩지 않는 것', '죽지 않는 것'이 죽은 자의 영혼이라 해석한다 해도, '죽은 이들이 썩지 않는 몸으로 되살아나'는 장면은 어떻게 해석할 것인가?

이때 '썩지 않는 몸'은 그럼 산 자의 육신인가? 그렇다면 죽은 이들의 육신은 뭐 때문에 되살아나는가? 어차피 영혼은 죽은 게 아니라서 되살아나는 대상도 아닌데.

또한 묵시록엔 순교자들의 영혼이 제단 아래 모여서 불평하는 장면이 나오는데, 그들은 각자의 정체성을 그대로 지닌 채 존재했다. 그들이 어떻게 제각기 다른 남의 몸을 차지할 수 있을까. 상상만 해도 기괴하다.

일단 다 양보해서 그들 교리대로 죽은 자의 영혼과 산 자의 육신이 결합했다 치자, 이런 결합으로 죽은 자는 영혼을 담당하고 산 자는 육신을 담당하게 되는데, 그럼 이 생명체의 인격은 누구 것인가?

게다가 예수는 부활했을 때 자신의 육신으로 왔다. 특정 제자의 몸에 빙의하지 않았다. 이런 상상력은 무당이 신을 받는 내림굿을 연상시키는데 우리는 이를 하나라고 표현하지 않는다. 이렇게 빙의된 상태로 영에 의해 몸이 조종되는 게 어떻게 부활일 수 있을까.

영혼의 존재를 믿는 사람들은 자신의 정체성을 영혼 기준으로 생각한다. 육신은 형식이고 포장이다. 그래서 육신의 형태는 얼마든지 변형이 가능하다.

그랬을 때 순교자의 영이 나한테 와서 나의 육신이 변화된다면, 한 몸에 두 인격이 존재하게 되는데 어쩌자고?

우리가 '나'를 나라고 말할 수 있는 건 기억의 축적에 의해서다. 육신의 변화야 얼마든지 수용해도 다른 영혼의 동반을 빙의 아닌, 달리 무엇으로 설명할까?

이걸 새로운 변화라고 할 수 있나? 죽은 자의 영혼이 자신만의 육신을 가져야 되살아나는 거지, 남의 육신을 입는 게 어떻게 부활이 될까.

이런 의문에 해당 교회 관계자는 그 일은 아직 이루어지지 않았기에 말할 수 없다고 한다. 그러면서 등장하는 성경 구절이 "주인이 자기 집 종들을 맡겨 제때에 정해진 양식을 내주게 할 충실하고 슬기로운 집사"(루카 12,42), 곧 예수님이 보내신 보혜사 성령을 받은 자만이 때에 따른 양식을 줄 수 있다고 말한다.

이 말은 예수님의 그 대리자가 제대로 설명을 못 하는 이유를 아직 때가 안 돼서 그렇다로 귀결된다.

이런 점에서 성경은 매우 위험한 책이다. 성경 구절로 만들어낼 수 있는 세상이 너무나 다채롭고 다양하다. 그런 각양각색의 세계마다 권위까지 더하니 이를 저지할 방법이 거의 없다.

교인이 세상의 권위에 의지하는 행위야말로 실체 없는 우상을 숭배하는 건데, 우리 나약한 인간은 이게 참 어려운 일이다. 눈에 보이는 사람, 물질적 보상의 약속, 세상 권위와 권력 없이 신앙생활을 한다는 게 얼마나 어려운지 묵시록이 우리에게 주는 교훈이기도 하다.

보석으로 휘감은 성전과 세상 임금들의 복종을 미래 비전으로 제시하고 이를 신앙의 정점으로 여기는 교회가 어디로 갈까. 그리고 이런 교회의 부흥 정도로 기존 교회들 수준을 가늠해 볼 수 있다. 기존 교회가 얼마나 못났으면.

그리고 이때 휴거가 된다고 해서 종종 사회적 물의를 일으켰던 교회도 있었다. 아니 많았다. 휴거 사건은 우리나라만 있었던 것도 아니어서 비신자들도 휴거를 알 정도다.

> 명령의 외침과 대천사의 목소리와 하느님의 나팔 소리가 울리면, 주님께서 친히 하늘에서 내려오실 것입니다. 그러면 먼저 그리스도 안에서 죽은 이들이 다시 살아나고,
>
> 그다음으로, 그때까지 남아 있게 될 우리 산 이들이 그들과 함께 구름 속으로 들려 올라가 공중에서 주님을 맞이할 것입니다. 이렇게 하여 우리는 늘 주님과 함께 있을 것입니다.
>
> (테살로니카 첫째 서간 4장 16-17절)

이처럼 신약에 죽은 자들이 부활해서 산 자들과 함께 하늘로 들려 올라가는 장면이 있다. 여기서 주목할 점은 그때가 예수님의 재림이 이루어지는 시기라는 것이다.

예수님의 죽음과 부활 이후 그리스도인들은 간절하게 재림을 기

다리고 있었다. 그래서 묵시록에도 재림의 시기가 임박했다는 희망 고문 같은 구절들이 있다.

> **보라, 내가 곧 간다. 나의 상도 가져가서 각 사람에게 자기 행실대로 갚아 주겠다.**
>
> (요한묵시록 22장 12절)

이같이 '내가 곧 간다'라고 했으나 재림은 이루어지지 않았다. 기다리다 지칠 만도 했다. 신앙이 흔들리기도 했을 것이다. 그래서 "그러니 깨어 있어라. 너희가 그날과 그 시간을 모르기 때문이다."(마태 25,13) 라고 경고한다.

그래도 예수님은 다시 오시지 않으니 당시 그리스도인들의 애달픔이 느껴진다. 그러나 무엇 때문에 그토록 예수 재림을 확신했는지 궁금하기도 하다. 오순절 성령의 영향이 그렇게 컸을까.

> **이 말에 놀라지 마라. 무덤 속에 있는 모든 사람이 그의 목소리를 듣는 때가 온다.**
>
> **그들이 무덤에서 나와, 선을 행한 이들은 부활하여 생명을 얻고 악을 저지른 자들은 부활하여**

심판을 받을 것이다.
(요한복음 5장 28-29절)

요한복음에 의하면 죽은 자들이 무덤에서 깨어난다. 이때 깨어나는 건 당연히 육신이다. 우리가 무덤에 묻는 대상은 육체이지 영혼이 아니니까.

그럼 왜 죽은 자들을 심판할까? 왜냐면 그래야 억울한 사람이 생기지 않기 때문이다. 일찍 죽는 바람에 낙원에 들어가지 못했다면 억울하니까. 그리고 이방인의 문제도 있다. 평생 힌두교인으로 살다가 죽었는데 그리스도교에서 만든 지옥에 가야 한다면 그것도 불공평한 일이다.

그래서 온 인류로 전도 대상을 넓힌 묵시록은 천년의 유예기간을 두었다. 이 통치 기간에 사탄을 묶어 두고 하느님의 종들에게 세상 권력을 주었으니, 세상 끝까지 복음을 전하여 전도할 사람 다 전도하고 회개할 사람 다 회개시키라는 말이다. 이 말씀을 못 들었다 하는 사람 없게, 그래서 억울하단 사람 없게.

> 나는 또 한 천사가 하늘에서 내려오는 것을 보았습니다. 그는 지하의 열쇠와 큰 사슬을 손에 들고 있었습니다.

> 그 천사가 용을, 곧 악마이며 사탄인 그 옛날의 뱀을 붙잡아 천년 동안 움직이지 못하도록 결박하였습니다.
>
> 그리고 그를 지하로 던지고서는 그곳을 잠그고 그 위에다 봉인을 하여, 천년이 끝날 때까지 다시는 민족들을 속이지 못하게 하였습니다. 그 뒤에 사탄은 잠시 풀려나게 되어 있습니다.
>
> (요한묵시록 20장 1-3절)

마지막 심판의 절정은 뭐니 뭐니 해도 용 곧 사탄을 벌하는 것이다. 그래서 하느님의 말씀이 세상 끝까지 전파되는 천년 통치 기간이 끝나는 날에 맞춰 드디어 대망의 마지막 심판과 용의 최후가 시작된다.

천년이나 사탄을 지하에 가두어 다시는 민족들을 속이지 못하게 하는 이유는 이 정도면 세상이 어느 정도 정화됐다고 판단하기 때문이다.

그런데 왜 꼭 천년인가, 이게 물리적 천년인지 상징적 천년인지 궁금하다. 그래서 성서에 있는 천년 관련 구절을 살펴보면, "정녕 천년도 당신 눈에는 지나간 어제 같고 야경의 한때와도 같"(시편 90,4)으며, "주님께는 하루가 천년 같고 천년이 하루 같"(2베드 3,8)으니 적어도 인간 기준의 천년, 액면가 그대로의 천년은 아닌 것 같다.

우리도 그렇지만 다른 나라에서도 백, 천, 만 같은 단위들은 긴 시간을 상징한다. 그래서 성서에도 "천년을 두 번 산다 하더라도"(코헬 6,6), "십 년을 살든 백 년을 살든 천 년을 살든"(집회 41,4) 같이 오랜 시간을 표현할 때 사용한다.

그래서 천년왕국을 얘기하는 교회들도 천년의 시간적 개념과 예수 재림의 시기를 놓고 논란이 있다. 예수 재림이 천년 통치 전인지 후인지, 전자는 예수와 더불어 천년 통치가 이루어지고, 후자는 천년 통치가 끝나고 예수 재림이 이루어진다.

반면 이미 천년 통치는 현재 이루어지고 있다는 교리도 있다. 이러나저러나 예수 재림이 그리스도인들에게 문제긴 하다. 초대교회 시절에도 이를 의심하는 사람들이 많았다는 사실을 알려주는 구절들이 있다.

> 사실 우리가 여러분에게 우리 주 예수 그리스도의 권능과 재림을 알려 줄 때, 교묘하게 꾸며 낸 신화를 따라 한 것이 아닙니다. 그분의 위대함을 목격한 자로서 그러한 것입니다.
>
> (베드로 둘째 서간 1장 16절)

여기서 '교묘하게 꾸며낸 신화'라는 구절이 인상적이다. 예수님의 부활을 보고 듣고 오순절 성령을 체험한 뒤 사도들은 확신에 차서 본격적으로 선교 활동을 시작한다. 그래서 스스로 '위대함을 목격한 자'

라고 말할 수 있었다.

그러나 경험하지 못한 사람들을 설득하는 게 쉬운 일은 아니었다. 그래서 우리가 신화처럼 꾸며낸 이야기나 하는 사람들이 아니라고 항변한다. 얼마나 그런 공격을 많이 받았으면.

> 마지막 때에, 자기 욕망에 따라 사는 조롱꾼들이 나와서 여러분을 조롱하며, "그분의 재림에 관한 약속은 어떻게 되었소? 사실 조상들이 세상을 떠나고 나서도, 창조 이래 모든 것이 그대로 있지 않소?" 할 것입니다.
>
> (베드로 둘째 서간 3장 3-4절)

아무리 기다려도 '예수님의 재림'이 이루어지지 않으니 점차 점차 주변인들의 '조롱'을 받는 상황이 온 것이다. 이 말은 당대 그리스도인들의 확신에도 불구하고, 부활이니 재림이니 하는 주장이 이천 년 전에도 거짓말 같고 사기 같은 그런 허무맹랑한 얘기였다는 걸 짐작하게 한다.

지금 현대를 살아가는 우리만 계몽되고 과학이 발달해서 부활과 재림에 관해 어떻게 해석하고 수용해야 하는지 고민하는 게 아니란 증거. 이미 그 당시에도 부활과 재림은 비일상적이고 비상식적인 일이었다는 것.

그래서 오늘날 현대인인 우리에게 더욱 드는 생각이 진짜 기적이 있지 않고서야 예수를 메시아로 믿고 재림을 기다리는 일이 불가능하다는 확신이다.

아무튼 유예되는 재림으로 인해 신자도 비신자도 혼란을 겪으니 이를 정리하려는 시도도 보인다.

> 어떤 이들은 미루신다고 생각하지만 주님께서는 약속을 미루지 않으십니다. 오히려 여러분을 위하여 참고 기다리시는 것입니다. 아무도 멸망하지 않고 모두 회개하기를 바라시기 때문입니다.
>
> (베드로 둘째 서간 3장 9절)

그렇다! 약속을 미루시는 게 아니라 모든 사람이 회개할 수 있는 시간을 주시는 것이다. 이는 묵시록에서 천년의 시간 동안 마지막 심판을 미루며, 의도된 유예기간을 갖는 것과 같은 이유다.

이렇게 민족종교 유대교는 세계종교 그리스도교로 진화하면서 보편성을 향해 나간다. 그리고 이런 진화의 과정이 묵시록에 고스란히 보존되어 있다는 사실이 경이롭다.

오래된 사진첩을 보면서 뒤섞인 사진들의 스토리를 재구성하며 느끼는 감회와 빛바랜 기억들의 잔치 같은, 어린 시절 놀이동산의 추억이 소환되는, 요한 묵시록은 그런 책이다.

12 마지막 심판과 최종 구원
'용'의 최후와 '새 하늘 새 땅'

묵시록을 희망의 책이라고 말하는 까닭은 엔딩이 '새 하늘 새 땅'으로 끝나기 때문이다. 마지막 때의 온갖 괴롭고 어두운 시간이 지나고 나면 비로소 찾아오는 새 시대, 더 이상의 설명이 필요 없는 에덴 시절의 낙원, 바로 새 예루살렘 시대가 화려하게 열린다. 그러니까 용이 사라진 때부터 불행 끝! 행복 시작!! 대체 그 용은 누가 만들었길래?

> 하느님께서는 큰 용들과 물에서 우글거리며 움직이는
> 온갖 생물들을 제 종류대로, 또 날아다니는 온갖
> 새들을 제 종류대로 창조하셨다.
> 하느님께서 보시니 좋았다.
>
> (창세기 1장 21절)

이게 좀 수상하다. '용'은 실물이 없는 상상의 동물이다. 그래서 동양의 용과 서양의 용이 생김새도 다르고 성격도 다르다. 공통점이 있다면 강력한 힘과 막대한 권능을 지녀서 인간을 두렵게 할 만한 존재라는 정도.

그런데 이 가상의 동물인 용이 창세기 1장부터 등장한다. 뭐지? 싶다. 실체가 있는 해양생물과 조류들을 창조하는 날 '큰 용들'도 같이 창조되다니, 한 문장 안에 두 개의 세계관이 공존한다고? 왜?

창세기가 쓰인 시기를 정확히 알 순 없으나 큰 용의 존재가 기록됐다는 건 창세기의 저자든 편집자든, 저자는 최초 기록자고 편집자는 추가 기록자인데, 그 사람은 적어도 메소포타미아 신화를 잘 알고 있었다는 얘기다.

나아가 묵시록의 성격상 공동체를 독자로 상정했다는 점에서 별도의 설명 없이 나타난 '큰 용'은 이미 이스라엘 백성들에게 익숙한 존재였음을 알 수 있다.

그러니까 '용'은 구약의 문을 여는 창세기 때는 하느님의 창조물로 입장했다가 신약의 문을 닫는 묵시록 때는 사탄으로 퇴장한다. 어쩌다가.

그 용이 하늘에서 반란을 일으켜 쫓겨나서, 그래서 이사야서의 저자는 "어쩌하다 하늘에서 떨어졌느냐? 빛나는 별, 여명의 아들인 네가!"(이사 14,12) 이렇게 용의 배신을 탄식한다. 이에 대한 구체적인 장면이 묵시록에 있다.

> 그때에 하늘에서 전쟁이 벌어졌습니다. 미카엘과
> 그의 천사들이 용과 싸운 것입니다. 용과
> 그의 부하들도 맞서 싸웠지만
>
> 당해 내지 못하여, 하늘에는 더 이상
> 그들을 위한 자리가 없었습니다.
>
> 그리하여 그 큰 용, 그 옛날의 뱀, 악마라고도 하고
> 사탄이라고도 하는 자, 온 세계를 속이던
> 그자가 떨어졌습니다. 그가 땅으로
> 떨어졌습니다. 그의 부하들도
> 그와 함께 떨어졌습니다.
>
> (요한묵시록 12장 7-9절)

이 모티브는 타락 천사 루시퍼란 이름으로 그동안 대중문화에서 많이 소비되었다. 루시퍼의 원래 이름은 루시엘이었는데, 미카엘 등과 싸운 뒤 땅으로 쫓겨나면서 지금의 사탄 루시퍼가 되었다는 이야기.

이사야서에 등장했던 인물이 묵시록에서 심화되어 다시 나타났다는 건 그만큼 유대인들에게 인기 있는 주제였음을 방증한다. 사전 포석 없이 등장해도 낯설지 않은 인물, 거슬러 올라가면 창세기에서

도 만날 수 있는 존재.

> 또 다른 표징이 하늘에 나타났습니다. 크고 붉은 용인데, 머리가 일곱이고 뿔이 열이었으며 일곱 머리에는 모두 작은 관을 쓰고 있었습니다.
>
> 용의 꼬리가 하늘의 별 삼분의 일을 휩쓸어 땅으로 떨어뜨렸습니다.
>
> (요한묵시록 12장 3-4절)

여기서 용과 같이 하늘에서 떨어진 존재가 '그의 부하들'이었으므로 '하늘의 별 삼분의 일'은 '그의 부하들'이고 원래 출신은 하늘의 천사들이다. 이런 드라마틱한 서사구조 때문에 영화, 게임 등에서 소재로 자주 사용된다.

한편 천사와 성령이 각기 다른 별개의 존재로 분리되는 장면이기도 하다. 천사 각 개체가 자기 생각이 있다면 이는 성령의 가시화가 아닌, 유일신 하느님과 구별되는 다른 인격체이기 때문이다.

눈에 보이지 않는 영적 존재인 하느님이 인간들과 소통하기 위해 인격화된 전령인 천사를 인간 세상에 보냈는데, 성령의 인격화에 익숙해진 인간들은 다시 천사의 존재를 하느님과 분리해서 별도의 존재로 만들었다.

하긴 타락한 천사급 정도로 대적자가 탁월하고 막강하지 않다면 인간 세상의 악을 설명하기 힘들었을지도. 사실 인간의 종교란 게 불의가 승하고 악이 사라지지 않는 데서 출발했다고 해도 과언이 아니다.

그런데 이 용은 천 년간 지하 감옥에 있다가 잠시 풀려난다. 왜냐, 마지막 심판 전에 천년의 유예기간이 필요했고, 그 시간 동안 세상을 복음으로 정화해야 했으니까. 그러나 끝내 정화되지 않는 빌런들은 빌런의 끝판왕 용의 출현과 함께 스스로 존재를 드러낸다.

이는 하느님이 한방에 대적자들을 소탕하기 위한 전략이다. 이들이 새 예루살렘으로 몰려올 때까지 기다렸다가 하늘에서 불을 내려 한 번에 단박에 삼켜 버리시는 화끈함. 이로써 세상의 악은 말끔히 완전히 사라진다. 복수는 철저하게 통쾌하게, 심판은 남김없이 깔끔하게.

> **천년이 끝나면 사탄이 감옥에서 풀려날 것입니다.**
>
> **그는 감옥에서 나와 땅의 네 모퉁이에 있는 민족들, 곧 곡과 마곡을 속이고서는 그들을 전투에 끌어들일 터인데, 그 수가 바다의 모래와 같을 것입니다.**
>
> **그들은 드넓은 땅을 건너 올라와서는 성도들의 진영과 하느님께서 사랑하시는 도성을 에워쌌습니다.**

> 그러나 하늘에서 불이 내려와 그들을 삼켜 버렸습니다.
>
> 그들을 속이던 악마는 불과 유황 못에 던져졌는데, 그 짐승과 거짓 예언자가 이미 들어가 있는 그곳입니다. 그들은 영원무궁토록 밤낮으로 고통을 받을 것입니다.
>
> (요한묵시록 20장 7-10절)

여기서 '곡과 마곡'은 "마곡 땅의 곡, 곧 메섹과 투발의 으뜸 제후"(에제 38,2)라는 구절로 미루어 곡은 인명, 마곡은 지명이다. 이들은 "모두 말을 탄 대군이며 큰 병력"(에제 38,15)인데 이스라엘로 쳐들어올 때 "폭우와 큰 우박, 불과 유황을 퍼붓겠다."(에제 38,22)라고 하느님께서 약속하신 구약의 이야기가 인용된 것이다.

이렇게 구약의 불과 유황이 묵시록의 마지막 심판 때 다시 사용되고, 지금까지도 묵시록의 불과 유황 못은 가장 익숙한 지옥 이미지로 우리에게 알려졌다.

심판 중의 심판, 최후의 심판에서 마침내 사탄 곧 악마는 불과 유황 못에 던져지는데 그곳엔 '그 짐승', 그리스도인들을 박해했던 로마 황제들과 황제숭배의식에 참여하라고 부추겼던 거짓 예언자들이 이미 천년 전부터 갇혀 있었다.

불과 유황 못은 한번 들어가면 영원히 나오지 못하고 거기에 갇히면 죽지도 못한 채 밤낮으로 고통받는다. 죽으면 고통이 끝나니까, 그래서 묵시록은 적들에게 끝나지 않는 고통으로 보복한다. 뒤끝 작렬.

그리고 이때 죽은 자도 심판받는다. 여기서 등장하는 것이 '생명의 책'이다. "죽은 이들은 책에 기록된 대로 자기들의 행실에 따라 심판을 받았"(묵시 20,12)다. 그러나 "생명의 책에 기록되어 있지 않은 사람은 누구나 불 못에 던져졌"(묵시 20,15)다.

이 말은 생명책에 이름이 기록되었다는 것 자체가 의로운 행실의 소유자란 증명이므로 영생의 보상을 받게 되었음을 의미한다. 묵시록대로 표현하면 첫 번째 부활과 동시에 두 번째 죽음을 피한 영혼들이다. 영혼마다 죽어 있었던 시간은 다 다르겠지만 이제 남은 건 불행 끝! 행복 시작!!

하지만 생명책에서 누락된 영혼들은 어쩔 수 없이 영벌, 그래도 너무 억울해 말라. 천년 동안의 유예기간 중에 죽은 자들은 어디까지나 본인의 자발적 선택에 의한 거니까.

반면 복음이 전 세계를 정화하는 유예기간 이전에 죽은 자들은 사탄에 의한 미혹 때문이라서 예수님의 대속이 있었으니 염려치 마시라. 정상 참작이 다 작동한다.

그런데 생명책은 구약부터 꽤 자주 등장하는 소재다. 생명책에 의인들이 기록되어 있다는 말은 시편(69,29)에도 나오고, 죄를 지으면 지워진다는 말은 모세 이야기에 나온다(탈출 32,33). 그러니까 생명책에 한 번 이름이 올랐다고 안심하면 안 된다. 죄를 지으면 생명책에서 이름이 지워진다.

이는 묵시록에서 생명책에 이름이 없으면 불 못에 던져진다는 대목과 일치한다. 죄를 지어서 이름이 지워졌다는 건 이미 의인이 아니란 증거니까.

이 생명책이 얼마나 중요하냐면 묵시록엔 생명책 얘기가 6번이나 반복해서 언급된다는 사실. 마지막 때에 비로소 가치가 발휘되는 책이니 당연한 일이라 하겠다. 오로지 이날만을 위해 봉인하고 감춰놨던 약속의 책이므로.

마지막 심판이 끝나고 만악의 근원인 용의 최후가 확정되면 드디어 새 하늘 새 땅이 보이는데, 이를 "첫 번째 하늘과 첫 번째 땅은 사라지고 바다도 더 이상 없"(묵시 21,1)다고 진술한다. 물론 글자 그대로 하늘과 땅과 바다가 앞의 여러 심판에서 이미 작살나버려 이렇게 표현할 수도 있다.

그러나 그보단 유대교에서 그리스도교로 넘어가는 과정을 묘사한 것이라 하겠다. 그리스도교는 유대교에서 나왔으나 유대교와는 다른, 이제 새롭게 시작하는 종교이므로 기존의 것들과 구분해서 아예 저 높은 하늘로부터 통째로 새 하늘 새 땅이 강림한다. 거대한 조립식 주택이 배송되듯이 성전이 택배물처럼 하늘에서 배달온다.

> 거룩한 도성 새 예루살렘이 신랑을 위하여 단장한 신부처럼 차리고 하늘로부터 하느님에게서 내려오는 것을 보았습니다.
>
> 그들의 눈에서 모든 눈물을 닦아 주실 것이다. 다시는 죽음이 없고 다시는 슬픔도 울부짖음도 괴로움도 없을 것이다. 이전 것들이 사라져 버렸기 때문이다.
>
> (요한묵시록 21장 2절, 4절)

우리 삶을 힘들게 하는 것들이 모두 사라진 세상, 그것이 새 예루살렘이며 새 하늘 새 땅이다. 그런데 재밌는 사실은 영생이 확정된 공간에 물질적 세상의 가치가 여전하다는 것. 오히려 물질계의 최고 가치들로 사방이 도배되어 있다.

> 도성의 거리는 투명한 유리 같은 순금으로 되어 있었습니다.
>
> 민족들이 그 도성의 빛을 받아 걸어 다니고, 땅의 임금들이 자기들의 보화를 그 도성으로 가져갈 것입니다.
>
> 거기에는 밤이 없으므로 종일토록 성문이

> 닫히지 않습니다.
>
> **사람들은 민족들의 보화와 보배를 그 도성으로 가져갈 것입니다.**
>
> (요한묵시록 21장 21절, 24-26절)

여기서 '보화와 보배'는 '땅의 임금들과 민족들'이 가져오는 것이므로 우리가 익히 아는 물질의 정점인 그 보화와 보배라고 할 수 있다. 이런 부분은 확실히 물질적 축복을 구하는 매우 인간적인 대목이라 하겠다. 그러나 거기서 멈추지 않는다.

> 66
>
> **나는 그곳에서 성전을 보지 못하였습니다. 전능하신 주 하느님과 어린양이 도성의 성전이시기 때문입니다.**
>
> **그 도성은 해도 달도 비출 필요가 없습니다. 하느님의 영광이 그곳에 빛이 되어 주시고 어린양이 그곳의 등불이 되어 주시기 때문입니다.**
>
> (요한묵시록 21장 22-23절)

이처럼 새 예루살렘을 비물질적이고 상징적인 공간으로 표현하기도 한다. 구약의 물질적 구원관과 신약의 비물질적 구원관이 공존하는 세계, 그곳이 묵시록이 제시하는 천국이다. 영생을 상징하는 생

생명수와 생명나무가 넘쳐나는 곳.

> 그 천사는 또 수정처럼 빛나는 생명수의 강을 나에게
> 보여주었습니다. 그 강은 하느님과 어린양의
> 어좌에서 나와,
>
> 도성의 거리 한가운데를 흐르고 있었습니다. 강 이쪽저
> 쪽에는 열두 번 열매를 맺는 생명나무가 있어서
> 다달이 열매를 내놓습니다.
>
> (묵시록 22장 1-2절)

이 생명수는 "목마른 사람은 오너라. 원하는 사람은 생명수를 거저 받아라."(묵시 22,17)에서 말하듯 '거저' 받는 것이다. 옳은 행실에 대한 대가가 아니라 목마르기만 하면, 그리고 원하기만 하면 받을 수 있는 것, 그래서 생명수의 본뜻은 '말씀'이다.

묵시록뿐만 아니라 신약의 곳곳에서 먹고 마시는 행위는 말씀을 듣고 행하는 일로 많이 표현된다. 우리가 성찬식에서 먹는 포도주와 빵도 예수님의 피와 살을 상징하고.

여기서 '피와 살'을 진짜 사람의 피와 살로 이해하는 사람은 없을 것이다. 그럴 리가 있는가, 식인 부족도 아닌데. 이들 역시 '말씀'으로 수렴하고 말씀은 돈을 주고 사고파는 게 아니란 말씀.

반면 생명나무 열매는 생명수와 마찬가지로 영생을 상징하는데

이 열매를 얻는 데는 조건이 붙는다. 그것도 까다롭게.

> **승리하는 사람에게는 내가 하느님의 낙원에 있는 생명나무의 열매를 먹게 해주겠다.**
>
> (요한묵시록 2장 7절)

승자야만 생명나무 열매를 먹을 수 있다. 이때의 승자는 우상숭배를 하지 않은, 즉 세상의 유혹에 넘어가지 않은 사람들이다. 그런데 이 생명나무가 창세기 때부터 에덴동산의 선악과 옆에 있었다는 걸 아는가.

> **주 하느님께서는 보기에 탐스럽고 먹기에 좋은 온갖 나무를 흙에서 자라게 하시고, 동산 한가운데에는 생명나무와 선과 악을 알게 하는 나무를 자라게 하셨다.**
>
> (창세기 2장 9절)

이때는 조건 없이 생명나무 열매를 먹을 수 있었다. 대가 없이 주어진 하느님의 선물 같은 영생. 그런데 먹어선 안 되는 금단의 상징인 '선과 악을 알게 하는 나무'의 열매를 먹는 바람에 생명나무에 접근하는 길이 막혀버렸다.

> 주 하느님께서 말씀하셨다. "자, 사람이 선과 악을 알아 우리 가운데 하나처럼 되었으니, 이제 그가 손을 내밀어 생명나무 열매까지 따 먹고 영원히 살게 되어서는 안 되지."
>
> 그래서 주 하느님께서는 그를 에덴동산에서 내치시어, 그가 생겨 나온 흙을 일구게 하셨다.
>
> 이렇게 사람을 내쫓으신 다음, 에덴동산 동쪽에 커룹들과 번쩍이는 불 칼을 세워, 생명나무에 이르는 길을 지키게 하셨다.
>
> (창세기 3장 22-24절)

 에덴동산에서 아담네 가족이 쫓겨난 이유가 단지 금단의 열매를 먹어서만은 아니었다. 그보다는 선악을 알게 된 상황에서 영생하면 안 되기 때문이었다. 그래서 에덴동산에 접근조차 못 하도록 천사들과 불 칼을 세워 생명나무에 이르는 길을 차단해 버렸다.

 아! 새삼 이 사실이 참 감탄스럽다. 인간이 가장 무서워하는 것은 죽음인데, 바로 그 죽음이 없는 곳이 낙원이란 얘기. 그리고 낙원에서 인간이 쫓겨난 계기는 선악과를 먹은 사건이나 정작 인간을 낙원에서 퇴출한 이유가 영생할까 봐서.

 이로써 인간은 영생 대신 죽음을 맞게 되었다. 바로 이 생명나무가 묵시록에선 생명수가 흐르는 강 양쪽에 즐비하게 서서 열두 달 내내 열매를 맺는 그 영생의 나무다.

접근을 막는 파수꾼도, 가로막는 불 칼도 전혀 없는 평화롭고 안전한 이곳 '새 하늘 새 땅'이 새롭게 개장한 낙원의 이름이다. '새 예루살렘'은 과거의 낙원을 기억하는 사람들을 위한 배려의 부제이고.

휘황찬란한 보석궁 한가운데 생명수가 넘칠 듯이 흐르고 생명나무가 열매를 주렁주렁 맺고 있는 모습의 새 예루살렘, 이런 상상은 육신의 고달픔에 시달리는 당시 그리스도인들에게 큰 위안이 됐을 것이다.

현재의 힘듦을 견디는 유일한 방법이 뭘까? 그건 빛나는 미래에 대한 믿음이다. 지금의 이 어려움이 미래의 결실을 위한 과정이라면 기꺼이 감내할 수 있다. 그래서 가장 큰 위험은 절망이 아니라 희망이 없어진 무기력한 상태.

절망은 희망을 향해 딛고 일어날 발판이 되지만 무기력은 바닥없는 구렁, 곧 무저갱이다. 다만 그 희망이 물질적 보상이냐 아니냐는 별개의 문제다. 그리고 이런 물질계의 보상과 다른, 영적인 하늘나라에 대한 묘사도 신약에는 많이 존재한다.

66

> **예수님께서는 바리사이들에게서 하느님의 나라가 언제 오느냐는 질문을 받으시고 그들에게 대답하셨다.**

"하느님의 나라는 눈에 보이는 모습으로 오지 않는다.

또 '보라, 여기에 있다.', 또는 '저기에 있다.' 하고 사람들이 말하지도 않을 것이다. 보라, 하느님의 나라는 너희 가운데에 있다."

(루카복음 17장 20-21절)

하느님 나라가 우리 가운데 있으나 눈에 보이지 않는다는 묘사는 비물질계의 행복을 뜻한다. 즉 우리가 어떻게 사느냐에 따라 작금의 이 현실이 천국도 될 수 있고 지옥도 될 수 있다는 말씀.

이는 우리에게 주어진 시간에 대한 책임이 우리에게 있고 그 안에서 평화와 기쁨을 누리라는 말이다. 어떻게 천국이 멀리 있을까. 현재 우리의 현실을 지옥으로 만들 수 있는 존재는 오로지 우리 인간밖에 없는걸.

이러한 인식은 죽음을 앞둔 예수님의 행위에서도 잘 드러난다.

"예수님, 선생님의 나라에 들어가실 때 저를 기억해 주십시오." 하였다.

그러자 예수님께서 그에게 이르셨다. "내가 진실로 너에게 말한다. 너는 오늘 나와 함께 낙원에 있을 것이다."

(루카복음 23장 42-43절)

이 유명한 구절로 인해 죽기 전에만 예수를 믿으면 된다는 사람들이 생겼다. 십자가형을 당할 정도면 극악무도한 중범죄자인데 그런 사람도 임종 시기까지만 회개하면 낙원에 갈 수 있다는 것이다. 오호 쾌재라!

그러나 이는 달리 생각하면 그만큼 회개가 어렵다는 말이다. 오히려 이 일화에서 방점은 자신과 같은 중범죄자로 십자가에 매달린 사람, 그것도 평소 알고 지낸 사이도 아닌 낯선 이의 말을 어떻게 믿고 신앙고백을 하느냐 하는 것이다.

어차피 곧 죽을 목숨이고 막장으로 끝난 인생인데 이런 상황에서, '선생님의 나라'에 들어가실 때 자신을 기억해 달라니, 이거야말로 기적이 아닌지.

또한 기존 관념과 전통을 깨뜨리는 일이 얼마나 힘든지에 대한 일화도 성서엔 참 많다. 대단히 놀라운 사실, 성서엔 모든 다 있다는 것. 우리 인간의 저급한 본성부터 고귀한 본질까지 성서에서 찾으면 다 나온다는 것.

찾는 데 별로 어렵지도 않다. 인터넷으로 키워드 검색만 해도 줄줄이 정보를 제공해준다.

> 율법과 예언자들의 시대는 요한까지다. 그 뒤로는 하느님 나라의 복음이 전해지고 있는데, 모두 이 나라에 들어가려고 힘을 쓴다.
>
> **율법에서 한 획이 빠지는 것보다 하늘과 땅이 사라지는 것이 더 쉽다.**
>
> (루카복음 16장 16-17절)

예수는 아마도 세례자 요한의 교단에서 수행하지 않았을까 하는 추론을 뒷받침해주는 일화다. 과거의 율법을 강조하고 예언자들의 예언을 금과옥조로 삼는 시대는 세례자 요한까지라고 못 박는 예수님, 그 당시 현장에서 이 얘길 직접 듣는 사람들은 얼마나 놀랐을까.

기존의 것을 넘는 새로운 것은 항상 논란과 비난에 휩쓸리기 마련이다. 거기에 덧붙여 율법주의자들이 얼마나 강고했으면 율법의 글자 하나 빠지는 것보다 하늘과 땅이 사라지는 게 더 쉽다고 했을까.

한 시대가 가고 새로운 시대가 오는 일이 얼마나 어려운 일이면, 그러니까 기존의 기득권이 물러나고 구습이 사라지는 일이 얼마나 힘든 일이면 이런 비유가 나왔을까.

그래서 첫째 하늘과 첫째 땅이 사라지고 새 하늘 새 땅이 나타난 것이다. 서로 공존하기가 너무 힘들어서, 힘든 정도를 넘어 불가능해서.

이런 행태에 대해 마태오 복음은 더 강하고 한층 신랄하게 지적, "세례자 요한 때부터 지금까지 하늘나라는 폭행을 당하고 있다. 폭력을 쓰는 자들이 하늘나라를 빼앗으려고 한다."(마태 11,12) 고까지 비판한다.

율법주의자들의 설교는 진짜 복음이 아니라는 경고, 달리 말해 형식이 내용을 대체할 순 없다는 뜻이다. 얼마나 답답했으면 '하늘나라 폭행설'까지 선포했을까.

그러나 "하늘과 땅이 없어지기 전에는, 모든 것이 이루어질 때까지 율법에서 한 자 한 획도 없어지지 않을 것이다."(마태 5,18) 라는 예수님 말씀도 있다.

"너희의 의로움이 율법 학자들과 바리사이들의 의로움을 능가하지 않으면, 결코 하늘나라에 들어가지 못할 것이"(마태 5,20) 라는 구절은 율법의 형식이 중요하지 않다는 게 아니라 내용까지 지켜야 진짜임을 강조한 것이다.

그래서 나온 일갈이 "내가 율법이나 예언서들을 폐지하러 온 줄로 생각하지 마라. 폐지하러 온 것이 아니라 오히려 완성하러 왔다."(마태 5,17) 이다. 이러니 대중들이 쉽게 알아들었을까.

예수님의 언어는 지금의 우리도 헷갈리게 한다. 그래서 율법을 지키자는 말인지 폐하자는 말인지, 더하여 왜 성경 구절들은 단순하고 명쾌하지 않은지.

원래 우리 인생이 단순하고 명쾌하지가 않다. 표면적 삶과 이면적 삶이 분리돼 있고, 가끔은 이 틈 사이로 자신을 빠뜨리기도 한다. 빠뜨려서 잃어버리기도 한다. 잃어버렸단 사실조차 잊기도 한다.

그렇게 내가 누구인지 무엇을 원하는지 모르는 상태로 타인의 시선을 좇아 살아가다 우울증 걸리고, 아니면 원한이 뼈에 사무쳐 분노의 화신이 되거나. 지금 우리 사회의 현주소가 이렇다.

그러다 보니 결과적으로 인간의 나약함과 불완전성이 사탄의 지배를 불러온다. 내가 온전해야 내 마음이 하느님의 성전이 될 텐데. 더욱이 이때 이루어지는 형식이라야 비로소 내용과 조화를 이룰 것이다.

남에게 보이기 위한 형식은 허세라서 무지하고 처량하며, 형식 없는 내용은 오만이라서 유치하고 불쾌하다. 거 참 어렵다, 균형! 어디에도 기울어지지 않는 중심에 대한 욕망, 즉 본질에 대한 희구.

그래서 동양의 '도'를 얘기할 때도 그 정점에 '중용'이 있다. 공자는 도를 아침에 들으면 저녁에 죽어도 좋다고 했다. 바로 그 도의 목적이 중용의 길이다.

또 아리스토텔레스도 덕의 핵심으로 중용을 들었다. 더도 덜도 아닌 가장 바람직한 상태가 중용으로 우리가 살면서 끊임없이 추구해야 할 최상의 상태이며 최적의 상황을 말한다.

그런데 이토록 어려운 게 균형인데도, 그래도 이런 균형을 가장 잘 잡고 전도했던 사람이 있다. 바울!

> 바오로는 석 달 동안 회당에 드나들며 하느님 나라에 관하여 토론하고 설득하면서 담대히 설교하였다.
>
> 그러나 몇몇 사람이 회중 앞에서 주님의 길을 헐뜯으며 고집스럽게 믿지 않으려 하자, 바오로는 그들을 떠나 제자들을 따로 데리고 날마다 티란노스 학원에서 토론을 벌였다.
>
> 이 일이 두 해 동안 계속되어, 아시아에 사는 사람들은 유다인 그리스인 할 것 없이 모두 주님의 말씀을 듣게 되었다.
>
> (사도행전 19장 8-10절)

바오로는 유대인 회당에서 유대교인들과 석 달을 토론했지만 실패했다. 이것도 대단한데 이방인 학원에 가서 2년을 토론하여 지적 자부심이 큰 그리스인들을 설득했다. 이건 정말 대단한 일이다!

유대인들의 새 종교는 변두리 문화였고 그리스 종교와 철학은 중심 문화였는데, 그런 불리한 지형에서 2년 만에 아시아인들을, 이때 아시아는 오늘날의 튀르키예 지역인데, 여길 싹 다 전도하다니, 바울

이 지금 우리 곁에 있었다면 개신교 부흥사나 대기업 영업왕이 됐을 듯하다.

그래서 드는 확신, 오순절 성령은 역사적 사실이고 이후 사도들에게 일어난 기적도 분명 존재했다. 왜냐, 그러지 않았다면 전도가 불가하기에. 인간은 맨정신으론 그리 강하지도, 담대하지도 못한 생명체다.

바오로도 "그들에게 안수하자 성령께서 내리시어, 그들이 신령한 언어로 말하고 예언을 하였다."(사도 19,6) 라고 증언했다. 이때의 '신령한 언어'가 방언이다.

물론 방언이 항상 좋은 것만은 아니다. "누가 해석을 해주어 교회 성장에 도움을 받는 경우가 아니면, 예언하는 이가 신령한 언어로 말하는 이보다 더 훌륭"(1코린 14,5) 하다고 했다.

이 말은 어디까지나 방언이 알아들을 수 있는 언어일 때 교회 성장에 도움이 된다는 얘기다. 해석이 안 되는 방언은 쓸모가 없으니 당연한 평가다. 다만 혀가 뜨거워지는 경험이 개인의 신앙을 고양할 순 있다. 그러나 딱 거기까지다.

한편 바오로가 더 훌륭하다고 말하는, 교회에 도움이 되는 예언자, 그들 중 한 사람이 바로 묵시록의 저자 요한이다. 그러니까 그는 하느님께서 직접 천사를 보내 영을 내려주신 예언자에 해당한다.

> 이 말씀은 확실하고 참된 말씀이다. 주님, 곧 예언자들에게 영을 내려주시는 하느님께서 머지않아 반드시 일어날 일들을 당신 종들에게 보여 주시려고 당신 천사를 보내신 것이다.
>
> (요한묵시록 22장 6절)

저자 요한은 자신이 하느님께 예언자로 선택받은 사람임을 드러낸다. 그럼으로써 천사를 통해 받은 말씀, 즉 묵시록의 내용이 '참된 말씀'임을 증언하는 것이다.

> 보라, 내가 곧 간다. 이 책에 기록된 예언의 말씀을 지키는 사람은 행복하다.
>
> (요한묵시록 22장 7절)

이렇게까지 비밀이 없는데 무슨 봉인을 할까. '이 책에 기록된 예언의 말씀을 지키'려면 그 내용을 제대로 알아야 하지 않을까? 그래서 이 말씀을 봉인하지 말라는 당부도 잊지 않는다.

> 이 책에 기록된 예언 말씀을 봉인하지 마라.

> 그때가 다가왔기 때문이다.
> 불의를 저지르는 자는 계속 불의를 저지르고,
> 더러운 자는 계속 더러운 채로 있어라. 의로운
> 이는 계속 의로운 일을 하고 거룩한
> 이는 계속 거룩한 채로 있어라.
>
> (요한묵시록 22장 10-11절)

어차피 우리 인간들이 남의 말을 잘 듣던가. 그러니 예언자의 영을 받은 사람들은 말씀을 전할 뿐이고, 말씀을 받은 사람들이 받을지 말지는 그냥 각자의 몫이다. 참 쿨하다. 그게 우리네 인생사니까.

그리고 잊지 않는다. 이 책이 오용되고 남용될까 봐 불안해서 "나는 이 책에 기록된 예언의 말씀을 듣는 모든 이에게 증언"한다고, 그러니 "누구든지 여기에 무엇을 보태면, 하느님께서 이 책에 기록된 재앙들을 그에게 보태실 것"이고, "또 누구든지 이 예언의 책에 기록된 말씀 가운데에서 무엇을 빼면, 하느님께서 이 책에 기록된 생명나무와 거룩한 도성에서 얻을 그의 몫을 빼어 버리실 것"이라고(묵시 22,18-19).

요약하면, 묵시록의 내용은 더해도 죽고 빼도 죽을 것이야, 이다. 그러니 전할 때 있는 그대로만 전해, 안 그럼 너 죽어! 대단한 협박이다. 그러나 달리 생각하면 이 책의 내용이 오용되고 남용되면 그만큼 문제가 될 것도 저자는 알고 있었다는 얘기다.

그리고 덧붙여 이 말도 잊지 않는다. "그렇다, 내가 곧 간다." (묵시 22,20) 하지만 우린 이 말을 믿지 않는다. 그동안 왔다 간 재림 예수만으로도 교인들은 피로하다. 현재 우리나라에 존재하는 재림 예수도 꽤 많다. 이러다 재림 예수들 때문에 기독교가 망할 거 같다. 대체 왜들 그러시나?

이미 예수님은 우리 가운데에 있다고 선언하고 가셨다. 어떻게? 우리가 우리 이웃을 내 몸같이 사랑할 때. 나 자신도 사랑하기 어려운데? 그래서 내가 '이미 왔다'가 아니라 내가 '곧 간다'이다.

우리의 성장은 항상 반보씩 진행되기에 바로 앞의 '곧'이 늘 지연되지만 그래도 우린 더디게라도 성장한다. 예수님이 성령으로 하느님과 하나가 되었듯 우리도 성령으로 예수님과 하나가 되는 영혼의 성숙.

그럼 천국은 없어? 죽으면 진짜 끝이야? 임사 체험자들이 천국 있다던데? 근데 그거 아는가. 임사 체험자들이 자신의 종교에 따라 제각기 다른 경험을 한다는 걸.

그렇다면 기독교인들이 상당히 유리하다. 천국은 우리가 가장 살고 싶어 하는 낙원의 원형이니까. 그래서 평소에도 흡족할 때면 여기가 천국이야, 하지 않나.

그럼 지옥은? 글쎄, 하느님이 사이코패스도 아닌데 불지옥에서 괴성을 지르며 울부짖게 하신다고? 그것도 영원히? 굳이 왜? 그럴 바엔

차라리 멸하시지, 흙으로 돌리는 방법도 있는데? 그러게, 그게 누군들 영원히 죽도록 울부짖는 모습을 보고 편할까?

설사 악마라도 그 모습을 매일 보면 미쳐버릴 것이다. 벌하는 자나 벌 받는 자나. 그 정도로 인과응보를 간절히 바라는 사람들의 열망이 만들어낸 상상도가 아닐지.

그리고 더 정확히는 우리가 죽지 않아봐서 모른다. 인지력의 한계를 지닌 인간은 모르면 모르는 대로 신비의 영역을 남겨 둬야 한다. 우리가 봤을 때 지옥 갈 만한 사람들의 삶은 이미 충분히 현실이 지옥이다.

스스로 지옥을 만들고 있는데 죽어서 또 벌을 받는 게 무슨 의미가 있을까. 더구나 우린 상을 받기 위해 좋은 일을 하지도, 벌이 두려워 나쁜 짓을 하지도 않는다. 예수님과 혼인한 신부인 우리가 그렇게 세상 눈치를 보며 산다고?

진리가 우릴 자유롭게 했는데 그 자유를 진정 누리지 못한다면, 그건 고생만 하다 가신 예수님께 의리가 아니다. 우리가 평온하고 행복하지 않다면 내 안의 성전에 계신 그분도 불안하지 않을까.

나가는 말
그래서의 연희

묵시록은 얼마든지 더 새롭고 더욱 풍부해질 수 있는 텍스트입니다. 왜냐, 세상이 만만치 않거든요. 더구나 지금처럼 패러다임의 전환기 때는 세상이 뒤집히는 사건 사고들이 끊임없이 일어나겠죠.

그런데 자연재해, 기후변화, 환경오염, 전쟁, 전염병, 경제 위기, 분열과 갈등 중 우리 인간이 해결할 수 있는 일이 뭐 하나 있을까요? 작금의 이런 세태가 문제인 줄은 알지만, 안다고 그게 다 해결되던가요?

그래서 새 하늘 새 땅을 꿈꾸는 거죠. 기존 하늘 기존 땅의 갱생이 불가능하기도 하지만, 과거가 빨리 흘러가야 미래가 순탄하게 오고 현재가 안전하니까요. 위험사회에서 벗어나기만 해도 인류는 에덴동산 부활이죠.

그래서 지구인들이 혼탁하면 지구가 스스로 정화하듯, 현재 인류가 철이 없다고 해서 우리 인간들 모두가 다 같이 끝장나는 건 아니라고 생각해요. 부서지고 무너진 뒤엔 새 하늘 새 땅이 다시 열리겠죠. 순리대로 섭리처럼.

그때가 언제인지 저는 몰라요. 계시록의 저자 요한처럼 당대 믿음처럼 교인들 바람처럼, 곧 온다고 믿을 뿐이죠. 그렇게 믿으면서, 사라지는 것들에 편승해 소위 계시받은 자들의 유혹에 넘어가는 사람들이 있다면 잠깐만 좀 재고해보시라고 살짝 소맷자락을 붙드는 거예요.

누구에게나 어려운 일 앞에선 생각할 시간이 좀 필요하고 뒤돌아볼 여유도 있어야 하는 거 맞잖아요. 그리고 혹 유혹에 넘어갔다 해도 그게 큰 죄는 아니라고 말하고 싶어요. 마지막 때를 사는 사람들의 혼란도 좀 이해해 줘야죠.

그래서 묵시록에도 천년 유예기간이 있는 거죠. 여기서 천년이 진짜 물리적 시간이 아니라 몰라서 억울한 사람들 없게 안내 기간을 충분히 주는 것. 아, 이래서 요한은 친절하고 묵시록은 자상합니다. 다 말해 줍니다.

그런데 왜 자꾸 계시록은 봉인돼 있다고들 하는지, 그리고 뭘 자꾸 묵시록엔 비밀이 많다고들 하는지, 그러면 신자들이 헷갈립니다. 그러다 이단 가서 신천지 구경하고 돈 쓰고 맘 쓰고 영혼 방황하다 인생의 교훈을 얻게 되죠.

쓸데없이 길도 아닌데 괜히 일출 보겠다고 산등성이 낭떠러지에 매달려 있으면, 원래 해 뜨기 직전이 가장 어두운 게 아니라 가장 춥구나! 하는 깨달음이요.

그래도 현실을 깨닫고 인생의 교훈만 챙겨오면 괜찮은데 문제는 그게 쉽지가 않다는 거예요. 그래서 알아야 한다는 거죠. 이왕 알려면 제대로 꼼꼼하게, 이왕 알게 된 거 섬세하고 정밀하게 사유를.

그래서 저는 제 책을 감히, 그러나 자신 있게, 왜냐면 믿는 구석이 있어서, 그러니까 '나'는 허술해도 '주'는 완전하시고, 인간은 부실해도 신은 완벽하시니, 그래서 권합니다.

더해도 죽고 빼도 죽는다는 그 묵시록에 관한 한 영혼의 진술서, 세상에서 젤 쉬운 묵시록 계시록 종말론을요.

미국에서 온 편지
서평과 감상

어승일 목사 (YOUR place to shine 대표)

저는 한국 기독교에서 이단을 말하는 방식을 좋아하지 않습니다. 이단을 언급하는 대부분의 이유를 교리에서 찾고 있기 때문입니다. 그러나 교리는 시대와 문화의 한계 속에 있습니다. 다수 군중을 정치적 목적에 이용하는, 역사상 이단 논쟁은 권력 투쟁의 수단이 되었습니다. 또 새로운 시대와 문화에 새로운 이야기를 담을 해석의 언어가 탄생하는 과정에서 역동성과 자유를 제한하기도 합니다. 무엇보다 기독교 종교문화를 경험하지 않은 이들에게 격리된 언어에 머물 뿐입니다.

하지만 분명히 기독교 신앙 언저리에서 성서를 오용하고 남용하여 궁극에는 인간의 삶을 옥죄고 피폐하게 하는 건강하지 않은 가르침들에 관하여 단호하게 "그 길이 아니오."라 외치는 목소리가 필요

합니다. 우리에게 건강한 성서 읽기는 "어떻게 읽을 것인가?", "누구와 읽을 것인가?", 그리고 궁극에는 "어떻게 살 것인가?"라는 질문과 깊이 관련돼 있습니다. 따라서 교리에 바탕을 둔 해석보다는 해석의 태도가 중요하고, 해석의 논리적 정합보다는 해석하는 공동체의 개방성이 중요하며, 옳고 그름의 싸움보다는 공적 사회 안에서 어떻게 살아갈 것인가가 중요한 시금석이 됩니다.

저자는 이 책에서 요한의 묵시록 혹은 요한계시록을 다루고 있습니다. 묵시록은 성서의 어떤 책들보다 더 많은 역사상 논란을 가져온 책입니다. 역사에서 문제가 되었던 많은 기독교 언저리의 종교집단들이 이 묵시록에 관련된 종말의 해석을 매우 자극적으로 가지고 나왔습니다. 그리고 그들은 새 교리를 내부 논리에 끼워 맞추고 폐쇄 공동체를 형성하도록 하였고, 그 결과로 사람들의 삶이 사회에서 격리되고 피폐해지곤 하였습니다. 그들은 사회 안에서 대화하기가 어려운 상태로 늘 발견됩니다.

사실 저자는 묵시록을 둘러싼 해석들 안에서 필연적으로 건강하지 않은 삶을 낳게 되는 성서 읽기에 대한 교정을 시도하고 있습니다. 하나의 바른 해석이 아니라 다양한 상상이 가능한 건강한 이야기로서, 교리를 독점하는 해석자의 가르침이 아니라 보편적으로 읽어낼 수 있는 역사, 학문, 그리고 신앙의 공동체 안에서, 그리고 오늘 우리의 삶을 살아가며 어떻게 사람다운 사람으로 함께 살아갈 수 있을지에 관한 치열한 고민으로서 읽을 수 있도록 우리의 이해에 말 걸어오고 있습니다.

하지만 제가 가끔 경험하는 책 읽기의 아이러니가 있습니다. 많은 경우 그 책이 가지고 올 수 있는 생각과 행동의 변화 측면에서 반드시 읽어야 할 사람은 읽지 않고, 읽지 않아도 될 사람들은 열심히 읽는다는 것입니다. 단순히 생각하면 저자가 말 걸고 싶어 하는 이들은 이 책을 읽지 않을 것 같습니다. 그러나 또 기대가 있습니다.

어떤 이유로든 홀로 떨어진 병든 나무는 바람과 병충해에 취약합니다. 아무리 영양제를 주어도 잘 회복되지 않을 수 있습니다. 하지만 그 나무 주변에 다른 건강한 나무들을 심고, 숲을 조성하여 서로 그늘을 만들어주고, 뿌리가 얽혀 영양분을 공유하며 숲 전체의 기후를 형성하면, 병든 나무도 점차 기력을 회복하고 건강해질 수 있습니다.

저자의 뜨거운 마음은 이단, 즉 건강하지 않은 가르침에 빠져서 허우적거리고 있는 사람들을 향해 있으나 그들 중 다수는 이 책을 읽지 않을 것입니다. 그러나 저자의 목소리를 읽어내는 사람들이 하나둘 많아지면 몸과 마음이 상한 이들이 돌아올 수 있는 완충지대가 강건해지게 될 것입니다. 그래서 오히려 이 저자의 글을 누구든 읽으라고 권하고 싶습니다. 저자는 누구나 쉽게 접하기는 어려운 학문적 탐구를 바탕으로, 누구나 쉽게 읽을 수 있는 이야기를 통해 전달하고 있습니다.

이 책은 아주 조용히 새로운 장르를 개척하고 있습니다. 내용 측면에서는 성서 개론에 가깝습니다. 하지만 형식적으로 구어체 문장의 에세이 느낌을 주고 있습니다. 저자는 종교학자이며 성서학자로서 기본적인 성서 비평을 기반으로 하고 있으나 주석이나 해석, 혹은 적용을 위한 전형적인 글쓰기를 하고 있지 않습니다.

저자는 성서를 다루기 위해 한국인, 여성, 가톨릭 종교학자라는 소수성의 삶의 위치에 서서 보편적 인간됨을 따뜻하게, 그러나 견고하게, 그러니까 엄격하지는 않으나 건강한 경계를 지켜주고 있습니다. 특히 하나를 논리적으로 깊이 파고들기보다 성서의 그림 언어를 둘러싼 예술의 입체감 안에서 반드시 만나야 할 주제를 통으로 펼쳐 우리 삶 자체로 불쑥 찾아 들어오곤 할 때, 보통의 남성 저자들에게서 만날 수 없었던 필치를 경험하게 합니다.

저자의 학문은 드러내기보다 녹아 있습니다. 저자를 통해 성서의 이야기와 우리의 오늘날 삶의 이야기가 마음대로 예기치 못하게 오갑니다. 해석과 상상의 여백을 남겨 주지만 학문에 바탕이 된 서술을 통해 건강한 공론장을 만들어주려고 합니다. 저자는 놀랍게도 성서를 함부로 해체하지도 않고 문자에 매이지도 않으면서 성서를 신앙고백으로 인정하며 삶의 이야기로 끌고 가고 있습니다.

궁극에는 저자를 통과한 성서, 그리고 고백, 거기서 흘러나오는 오늘의 삶의 연계는 반박할 수 없는 이야기의 무게에 압도되도록 합니다. 이와 같은 저자의 태도를 통해 저자의 언설이 모두 옳은가는 각자 해석의 영역이나, 저자는 성서를 대하는 올바른 길을 주장하기보다 건강한 길을 걸어갈 태도를 몸소 실천하고 있습니다. 그렇게 저자는 인공지능은 결코 쓸 수 없는 글을 내어놓았습니다. 늘 정확하게 알면 쉽게 쓸 수 있음을 보여주고 있습니다.

보통은 성서를 많이 읽으라고 합니다. 하지만 저는 성서를 읽기 전에 이 책을 읽으라고 하고 싶습니다. 이 책은 묵시록을 읽지 않고 묵시록을 이해할 수 있도록 돕고 있습니다. 그리고 이 책을 읽으면 독자는 묵시록을 읽지 않고는 안 될 기분 좋은 밀려감을 경험하게 될 것입니다. 그렇게 저자의 따뜻한 나눔에 대화해갈 때 우리도 모르게 말과 말이 통하는 자유의 공론장이 열려있게 될 것입니다.

더해도 죽고 빼도 죽는다는

세상에서 젤 쉬운
묵시록 계시록 종말론